渉外担当者が読む

融資のキホンと必要書類の見方・書き方

近代セールス社編

近代セールス社

本書は『バンクビジネス』2011年3月15日号
および2011年9月15日号を再編集して発刊したものです。

はじめに

銀行業務の中でも「融資業務」は最も根幹をなすものであり、融資による利息や手形の割引手数料は、投資信託や保険の販売で得られる手数料収入のウェイトが高まった現在でも、収益源の中で大きなウェイトを占めています。そして、この業務の取組みの巧拙が銀行等の優劣を決めるといっても過言ではありません。

しかし、長く続いたわが国経済の低迷から近年の融資環境は依然として厳しいうえ、金融機関の現場ではＯＪＴの機能不全により融資を担当する人材の育成が思うように進まないという悩ましい問題を抱えています。

本書は、渉外係となって初めて融資を担当する人から活用できる融資業務の実践的テキストです。融資の難しい理屈や手法ではなく、訪問活動や融資案件の検討、融資実行の手続きや融資関連書類の見方・作成方法など、実際の業務に沿って解説されています。また、見開きページの半分はポイントがイラストでまとめられており、読者の理解を助ける構成となっています。

新任渉外係は融資業務の習得用として、後輩の指導にあたる中堅担当者はＯＪＴに向けた指導ポイント確認用としてご活用いただけたら幸いです。

２０１３年７月

近代セールス社

●執筆者一覧●

赤羽　進　　飯山　高康　　井村　清志　　上田　不二雄　　岡村　英昭
荻野　元夫　　奥山　文雄　　黒木　正人　　櫻沢　健　　中島　久
細矢　進　　三ツ島　啓

●イラスト●

跡部　禎子　　栗原　清　　黒柳　典子　　設楽　みな子　　たんばきょうこ
山川　直人　　Rococo Ruco

（50音順・敬称略）

◆もくじ◆

融資のキホンと必要書類の見方・書き方

目次

◆実践活用編◆

◆基本行動編◆

◆基本行動編◆

訪問活動の重要性を理解しよう!

詳しいことは後で覚えるとして訪問活動の目的くらいは知っておかなくちゃね
よければ一緒に予習しておかないかい
うんお願いするよ
カシャン
訪問活動の目的の1つ目は資金需要を見つけるということだよ
ひょいっ
でもお金を借りたかったら先方から申し込んでくるんじゃないの？
確かにそういう場合もあるねただ待っているだけではなかなか融資は獲得できない受注の拡大や新設備の導入といった資金需要につながる情報をいち早くつかんでこちらから融資を提案していく姿勢が必要なんだ
○○社
受注増
□□社

2つ目が 融資したお金を確実に回収するということ じゃあ融資したお金を回収できなくなるのはどんなときだと思う？
融資先が倒産してしまったときとか…
そうだね そうした事態に陥る前に兆候がつかめれば 何らかのサポートをするなり取引方針を見直すなど対策をとることもできるだろう
そのためにはやっぱり訪問が必要ということ？
そうだよ 財務データからつかめることもあるけど 取引先の業況や今後の見通し 資金繰りの状況 社内のヒトやモノの変化など 話を聞いたり目で確認しなければ分からないこともあるからね
それに こうした情報は資金需要の発掘にもつながるし 融資を行うときの与信判断でも必要になる 普段から情報を蓄積しておくことがとても大切なんだ

最後に
融資先との関係の強化だね
君の金融機関でも
コンサルティング営業や
付加価値提案に
力を入れているだろう
うん
ビジネスマッチングの
提案などは積極的に
行っているよ
BANK
○○社
□□社
そうした提案を通じて
信頼を得ることができれば
取引も末長いものに
なるはずだよね
そのためには訪問活動を通じて
融資先のニーズや悩みを
つかむ必要があるんだ
よく分かったよ
訪問活動って
とても大切なんだね
ぴょんっ
それが分かればよかった
具体的な訪問活動の進め方は
次ページ以降で解説しているから
困ったときに参考にしてね
じゃあね！
ありがとう
シャ〜〜〜

●訪問準備の進め方●

1.訪問計画は どうやって立てればいい？

〈訪問計画表の例〉

日付 ○○年09月15日	訪問予定先　　９件（新規３件）			
最重要事項	・A社増加運転資金の詳細打合せ			
訪問予定表	取引先名	既先・新規	訪問目的	経緯記録
午前（設定時間）				
(10:00)	A社	既先	融資打合せ	・具体的な実行日程を確認（10月５日予定）
	B社	新規	融資提案	・門前払い
	C社	新規	ビジネスマッチング提案	・仕入先の拡大を検討中
午後（設定時間）				・10月以降、受注増の見通し
(13:00)	D社	既存	試算表取り受け	

法人営業で失敗するパターンは、準備不足が原因の場合が多いといえます。いかに相手を知り、関心を持ってもらえるメッセージを発信できるかは、そのための準備がどれだけできるかにかかっています。

他の人より少し深読みして資料を見る、注意深くものを観察する、豊かな発想で案を考えてみる。そういったことが事前準備のポイントとなります。

ここでは、まず取引先を訪問する際に必要となる「訪問計画」の立て方について解説します。効率よく行動ができるよう、以下の点に留意しましょう。

①消化できる訪問計画を立てる

計画した訪問先には必ず訪問することが前提条件となります。１日に訪問を集中させるなどの無理な計画は、「計画倒れ」になる危険性が高いので避けましょう。

②月次・週次・日次で設計する

一般的には、月次のＰＤＣＡ（行動計画）をベースに案件や重要項目を優先的にスケジュール化します。そして、期中の目標の進捗状況に合わせて訪問先の選定をします。当然ですが、訪問先数と訪問件数は目標達成を前提として設計していきます。

例えば、「新規獲得目標が○件なら、達成するためには訪問先数（新規取引先数）を○件くらい設定して、獲得に至るまでの平均訪問回数を○回」などと設定すれば、自ずと月間や週間の訪問目標ができるはずです。

取引獲得の確率が低ければ低いほど、件数を多く設定する必要があります。

〈訪問頻度管理表の例〉

○○年度

取引先名	設定訪問頻度	4月	5月	6月	7月	8月	9月
E社	15日	10日・26日	5日・20日	6日・20日	8日・25日	8日・22日	5日
F社	15日	11日・27日	6日・27日	8日・21日	1日・19日	9日・23日	6日
G社	30日	22日	19日	15日	15日	19日	
H社	30日	7日	11日	1日	4日	3日	2日
I社	60日		26日		22日		
J社	90日	21日			21日		

設定訪問頻度は、以下のような表記とします。

週1回	7日	A
月間2回	15日	B
月間1回	30日	C
2ヵ月1回	60日	D
3ヵ月1回	90日	E

③新規訪問先は毎日設定する

毎日の訪問計画に、必ず「新規訪問を何件する」という明確な目標設定をしておくべきです（**P．12図表**）。週の特定曜日を「新規営業デー」として活動しているケースがよくありますが、できれば毎日1件以上の新規先訪問を義務づけておきましょう。

要は新規訪問をすることが特別なことではなく、当たり前と意識づけ、訪問する癖をつけることが大切なのです。

④重要事項は午前中に設定する

特に重要な事項については、なるべく午前中に訪問を設定しておくと、何かトラブルがあっても午後に対応する余裕が生まれます。同時に前日の訪問準備が必要となってきますから、時間の効率化にもつながります。

⑤偏った訪問にならないために訪問頻度管理を行う

渉外活動には訪問先が集中したり偏ったりして、お客様への対応が疎かになる場面があります。そのため既存先については、「訪問頻度」の管理が大切です。月次単位の管理を基本に、年間もしくは半期ベースで訪問頻度の計画をしておきましょう（**P・14図表**）。

⑥訪問計画は訪問日の前日までに確実に準備する

訪問日の前日までに、翌日の訪問先を設定できるということは、計画的な訪問活動ができている証拠です。一方、当日に訪問先を考えている場合は、日々の業務に流されて仕事に追われているケースが多いのです。これでは目標の達成などかないません。

いま金融機関の営業店は人員不足に悩まされ、担当者一人ひとりにかかる負荷が大きく、苦しい状況かもしれません。しかし、翌日以降の訪問計画を立てることが習慣になれば、期中や月次でやるべきことに照らし合わせて、1日の行動を考える余裕ができてきます。

したがって、それらの準備をすることは法人営業において最低限必要な条件であると考えてください。

●訪問準備の進め方●

2.訪問先について事前に調べておくことは？

〈小企業の経営指標〉

（日本政策金融公庫のホームページより抜粋）

No. 項目 ＼ 業種区分／標本特性値	野菜小売業					果実小売業				
	調査対象数(39)					調査対象数(17)				
	平均		信頼区間		標準偏差	平均		信頼区間		標準偏差
		黒字かつ資本プラス企業	上方信頼限界	下方信頼限界			黒字かつ資本プラス企業	上方信頼限界	下方信頼限界	
収益性										
1．総資本経常利益率 (%)	−4.2	4.0	0.5	−8.9	17.1	1.4	5.9	6.0	−3.2	10.8
2．自己資本経常利益率 (%)	6.0	14.1	15.7	−3.8	17.9	16.4	57.3	50.5	−17.8	46.5
3．売上高総利益率 (%)	24.7	23.9	27.1	22.4	8.8	33.8	39.5	40.4	27.2	15.5
4．売上高営業利益率 (%)	−1.9	0.8	−0.5	−3.2	5.0	−0.3	2.5	1.7	−2.3	4.7
5．売上高経常利益率 (%)	−1.7	0.8	−0.3	−3.1	5.1	0.6	2.7	2.1	−0.9	3.5
6．売上高経常利益率（償却前） (%)	−0.5	1.9	0.8	−1.9	5.1	1.0	2.9	2.4	−0.3	3.2
7．人件費対売上高比率 (%)	13.2	12.9	14.6	11.8	5.2	17.0	19.5	20.7	13.3	8.7
8．諸経費対売上高比率 (%)	12.2	10.0	13.8	10.7	5.7	16.7	17.2	20.4	12.9	8.9
9．金融費用対売上高比率 (%)	0.4	0.3	0.5	0.3	0.4	0.8	2.0	1.3	0.3	1.1
10．総資本回転率 (回)	5.0	4.9	5.9	4.2	3.0	3.3	1.8	4.1	2.4	1.9
11．商品回転期間 (月)	0.2	0.2	0.2	0.1	0.2	0.3	0.4	0.4	0.2	0.3
12．受取勘定回転期間 (月)	0.4	0.6	0.5	0.3	0.5	0.6	0.8	0.9	0.3	0.7
13．支払勘定回転期間 (月)	0.5	0.4	0.6	0.3	0.6	0.8	1.2	1.3	0.4	1.1
生産性										
14．従業者１人当たり売上高 (千円)	31.251	49.020	37.340	25.161	22.583	20.289	29.372	24.321	16.257	9.521
15．従業者１人当たり粗付加価値額 (千円)	4.160	6.579	4.960	3.360	2.967	3.346	6.236	4.378	2.313	2.438
16．粗付加価値額対売上高比率 (%)	14.1	14.5	15.6	12.6	5.5	17.7	23.3	22.0	13.3	10.2

取引先を訪問する際は、事前に事業概要や業界情報などをチェックしておく必要があります。ここでは、訪問前の情報収集の仕方について解説します。すでに取引がある先と新規先の場合では情報収集のポイントも異なりますので、注意してください。

①ホームページや新聞の情報

まず、既存先・新規先に共通する情報源として、ホームページや新聞などがあります。これらは、主に取引先の「事業概要」や、属する「業界」に関する情報を収集するのに有効なツールです。

例えば、ホームページには企業がいま最も力を入れていることや対外的にアピールしたいこと、タイムリーな情報などを掲載しているわけですから、重要な情報源と考えるべきです。特に新規先であれば、具体的にどんな事業を中心に行っているのか、どんなマーケットを狙っていて何を重点的に売りたいのかなど、戦略的な特徴を確認しておく必要があります。

その他には、業界動向や同業他社の動きなども新聞やインターネット等で確認することができます。これらの情報は取引先も関心を持って見ていますから、訪問時に共通の話題としても持ち出しやすいわけです。

取引先に直接関係することについて話題として提供すれば、「自社についてよく勉強している」と思われ信頼を獲得できるでしょう。

②業界平均経営指標などの情報

新規先では、その取引先が属する業界の経営指標などをあらかじめチェックし、比較・検討しておくことが有効です。

〈取引先ファイルの例〉

取引先名　株式会社　近代産業
住　所　東京都中野区中央○○
電　話　03-3366-○○○○
資本金　5000万円
業　種　主業種：機械製造　従業種：機械部品製造
主要製品：製造業向け特殊計測機器（国内シェア40%）
業　績　（百万円）

	2008年	2009年	2010年
売上高	2200	2300	2400
経常利益	120	110	130
税引後利益	100	90	110
総資産	2000	2100	2300
自己資本	900	990	1100

代表者　近代　太郎
住所　中野区中央○-○-○
役員構成　代表取締役　近代太郎
取締役　近代二郎
取締役　大田三夫
監査役　山下四男
主要販売先　ＡＢＣ工業、ＸＹＺ産業
主要仕入先　南北金属、東京鋼材
取引金融機関　東西銀行（35.5%）、南北信用金庫（20.1%）

主業種・従業種・主要製品のシェアなどについてもチェックする

業績については、過去３年分程度の損益状況を確認する

・そのほか、決算書や資金繰り表などの業績管理資料、面談記録などで取引状況を把握すること

例えば、日本政策金融公庫（旧国民生活金融公庫）が発表している「小企業の経営指標」（**P．16図表**）は、データの取りにくい従業者50人未満の小企業の経営実態を明らかにした資料です。

企業の収益性・生産性・安全性を主要項目として平均的な経営状況を数字で示すとともに、業種別、規模別、都市区分または地域区分別の経営状態が分析されているため、比較検討が容易です。

また、税理士の団体である「ＴＫＣ」の経営指標などはインターネットでも公開されていますから、情報提供と取引先が抱える問題のあぶり出しに活用できます。自社に対する関心の高さに、取引先から好感を持ってもらえるかもしれません。

③過去の融資履歴（取引先ファイル）

一方、既存先については「取引先ファイル」（Ｐ.18図表）をチェックすることが必須です。過去3年分の業績推移と融資残高や、他行との取引状況、どんな内容の融資をどんな時期に実行しているか、などを確認していきます。

中でも、季節的な運転資金需要の特徴を確認して、タイミングを逃さず融資の打診をする準備は重要です。また、設備投資の実行時期と設備の減価償却の状況を確認して、減価償却の期間が終了する前に設備の更新に伴う融資の打診について準備をします。

もし、引継ぎで担当したばかりのタイミングであれば、3年前の売上高と売上総利益率、直近の売上高と売上総利益率等を確認して、具体的に数字を口に出しながら変化の理由などを質問するとよいでしょう。

既存先には、担当者として「十分内容を調査してきている」というメッセージを伝える準備が必要です。訪問日当日の新聞に目を通しておくことはもちろん、取引先（業界）に関係する記事があれば、突っ込んだ話ができるように内容を確認しておく必要があります。

常に取引先の事業に対し関心を持っている姿勢をアピールしながら、信頼を獲得することを忘れないでください。

●訪問準備の進め方●

3. 訪問時には何を持っていけばいい？

〈持参するものの例〉

- □ セールス資料（融資関係資料・預かり資産関係資料・保険商品資料・その他）…具体的な案件で訪問する場合
- □ 取引先に関係する属性情報（持出しが困難な場合、手帳等に最低限の情報を記録する）…融資の相談が想定される場合や案件を抽出したい場合
- □ 提供できる情報レポート（業界情報・新聞情報など）やサービス情報資料（経営相談会・ビジネスマッチング・関連会社資料など）…新規開拓や既存先の深耕
- □ 面談記録ノート
- □ 電卓
- □ 訪問計画表

訪問時に持参するもの（P．20図表）と留意点は次のとおりです。

①融資の手続きは1回で済むよう持参物は万全に

融資手続きなど具体的な案件で訪問する場合に、契約書類とともにそのチェックリストも忘れないでください。手続きが1回で済まないようでは取引先の信用を失います。

②案件について具体的に話すために説明材料を持参

融資の相談が具体的に想定される場合や案件を抽出したい場合は、取引先の必要データ（決算情報、借入状況、返済状況、担保状況など）が確認できる資料を持参します。ただし、行外に持ち出せない情報については、手帳等に慎重に記録しておきましょう。

特に季節的な運転資金の実行データや、設備資金で返済期日の近い融資関係のデータを説明する資料など、できるだけ具体的な情報があるとよいでしょう。自分なりに取引先を把握していることが伝わらないと、信頼を得られず案件の話もしてくれません。

③新規開拓や取引深耕には関心の高さを示す情報を持参

新規開拓や既存先の深耕では、業界に関係するレポート（経営指標や業界動向）や新聞の切り抜きなどを持参することで、取引先への関心の高さをアピールすることが大切です。

④メモの準備は傾聴の姿勢の基本

取引先と着座して面談ができたときには、メモを取ることを忘れないでください。小さなメモ用紙よりも、しっかりしたノートや手帳に記録することが傾聴の基本姿勢です。「私は本気で話を聴きに来ていいます」といったアピールにもつながると考えてください。

●訪問準備の進め方●

4. 訪問のアポイントは どうやって取ればいい？

〈正しいアポイントの取り方〉

既存先の場合

9月15日の10時に、○○の件でお話させていただきたいのですが、お時間・ご都合はいかがでしょうか？

アポイントを取る場合は、あいまいな約束は禁物。日時をしっかり決め、依頼事項なども先方にあらかじめ伝えておくこと。

新規先の場合

突然恐れ入ります。私、東西銀行の山田と申します。このたび、ご融資についての情報を提供させていただきたく、お電話いたしました。つきましては、10分程度でかまいませんので、近日中に一度ご面会いただけませんでしょうか？

自己紹介、訪問目的、訪問日時、所要時間などを知らせたうえで、担当者に時間を取ってもらう。特定のサービスの販売などが目的の場合は、事前にパンフレットなどを郵送しておくことも有効。

アポイント（アポ）を取ることはビジネスの常識です。新規先で事前にアポを取ることは容易ではありませんが、何回か訪問しても実権者に面談できない場合や、面談後2回目、3回目の訪問の場合などは極力取るようにするべきです。

①アポを取るには具体的なメッセージが必要

ただし、アポを取る以上は具体的に用件を準備する必要があります（P．22図表）。単なるあいさつだけで取ろうとすると、忙しい経営者や実権者には迷惑と思われるかもしれません。そのため、融資のセールスだけでアポを取ろうとしても、よほどタイミングがよくないと「用事があるときに、こちらから連絡するから」と断られてしまうケースが多いと思われます。

②コツはセールス以外の話題を用意すること

融資の話だけではなく、取引先の経営を勉強させてもらい、本業を中心とした様々な話題を切り口とするのがアポを取るコツです。

例えば、金融機関のネットワークを活用した情報提供やビジネスマッチングを提供したいなら、セールスのお願いではなく「Ｗｉｎ‐Ｗｉｎ」の関係づくりを前提にすることが大切です。

③アポを取るときは具体的に約束をする

アポを取る場合にあいまいな約束は禁物です。日時をしっかり決め、用意してもらうものや依頼事項なども明確に伝えておくことが肝心です。また、複数で訪問する場合は「誰々も一緒にお伺いさせていただきます」と報告しておくべきです。もしアポと実際の面談日が空く場合は、面談前に確認の連絡を入れておきましょう。

●訪問時のチェックとヒアリング●

1. 訪問先で守るマナーや見るべき点は？

〈入室時のマナー〉

訪問準備の項目で書かれているように、企業に限らず他所を訪ねる場合は、事前に面談の日時を約束して（アポイントを取って）から訪問するのが原則です。

ただし、新規先の場合はアポイントなしで訪問することもあるでしょう。この場合でも、事前に訪問先の情報収集を行っておくことは当然ですが、新規先については事前の情報収集には限界があるので、業種や具体的な取扱商品、できれば年商や資金ニーズなどについて聞き取ることが訪問の目的となります。

ある金融機関で営業担当者の研修を行ったところ、受講者の1人が「アポイントなしの新規訪問で、金融機関名も自分の名前も名乗らずに、いきなり年商などの項目についてヒアリングを始めてしまい訪問先とトラブルになった」という話がありました。これは常識のレベルだと思いますが、本項目ではあえて「常識」についても解説します。

①入室時のマナー

アポイントの有無、既取引先・新規先を問わず企業を訪問したら、まず自らが所属する金融機関名と自分の所属部署、名前を告げましょう。

事務所のドアが閉まっている場合は必ずノックします。コートなどを着用している場合は、ノックする前に脱いで腕にかけておきます。受付がある場合は受付の方に、受付がなく近場にいた人が出てきた場合は、その方に名刺を渡してあいさつをします（P.24図表）。

あいさつの仕方、自分が差し出す名刺、相手から受け取る名刺の扱い方などについては、次項を参照してください。

〈受付から面談までの流れ〉

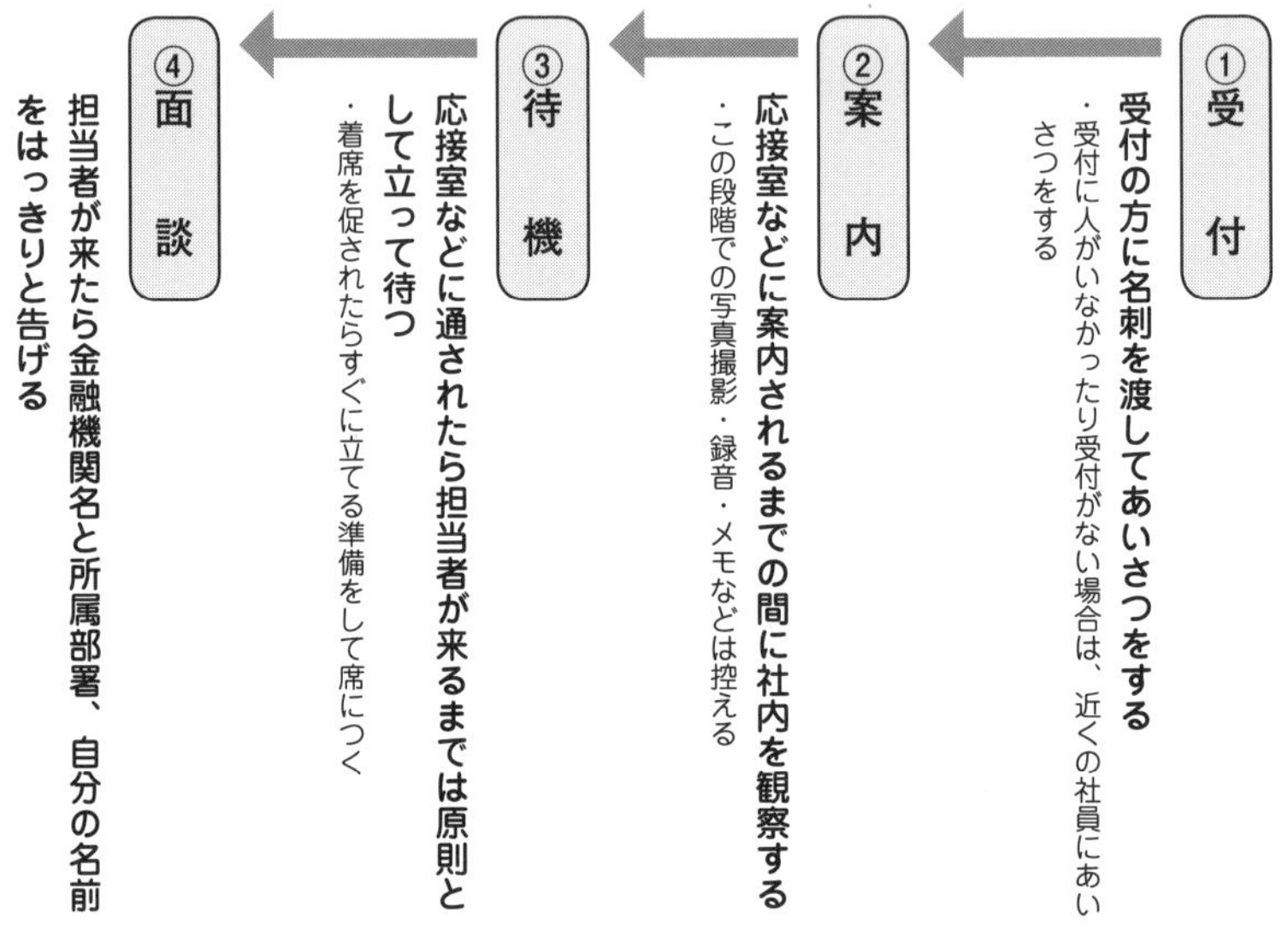
①受　付
受付の方に名刺を渡してあいさつをする
・受付に人がいなかったり受付がない場合は、近くの社員にあいさつをする
②案　内
応接室などに案内されるまでの間に社内を観察する
・この段階での写真撮影・録音・メモなどは控える
③待　機
応接室などに通されたら担当者が来るまでは原則として立って待つ
・着席を促されたらすぐに立てる準備をして席につく
④面　談
担当者が来たら金融機関名と所属部署、自分の名前をはっきりと告げる

②社内の様子から話の材料を探す

訪問先企業の中を移動するとき、例えば、応接室や事務所のスペースまでの間を受付の方などに案内してもらう場合は、さりげなく社内の様子を観察して話の材料（話材）を探しましょう。できればこの段階で、担当者と面談する前のヒアリングポイントを発見するようにします。

ただし工場内を移動して事務所まで案内されるような場合に、いきなり写真を撮ってはいけません。金融機関の営業に限らず、社会学のフィールドワークや雑誌などの取材においても、写真撮影には微妙なタイミングがあります。基本的には許可を得てから撮るべきで、少なくとも初回訪問で担当者と面談する前に無許可で撮影するのは非常識です(念のため)。この段階ではメモを取るのも控えるべきでしょう。

また録音についても同様で、相手の承諾なしに行ってはいけません。筆者が以前、営業のアプローチを受けた際に相手がいきなり録音を始めたので、すぐにやめてもらいました。

③企業の雰囲気を観察する

製品や商品のサンプルなどが展示されている場合は足を止めて観察し、場合によっては案内の方に簡単な質問をしてみるのもよいでしょう。サンプルを展示しているということは、「訪問者」に見てもらうことを前提としているからです。

ただし、「金融機関の人間」に見てもらうことを期待しているとは限りませんから、案内の方に質問してよいかは微妙なところもあります。そもそも、自らの訪問が歓迎されているか否かが分からないからです。この辺の判断においては「空気を読む」しかありません。

訪問時に企業の雰囲気を観察することは重要なポイントです。従業員のあいさつや態度がしっかりしているか、社内の整理整頓が行き届いているかなどは、特に重要な要素です。

こうした点が良い企業は概して業績も良いところが多いですし、その点を指摘することが話材にもなります。若い女性社員が元気に丁寧なあいさつをする企業は業績も良いというのが、筆者の経験則の1つです。

●訪問時のチェックとヒアリング●

2.面談相手の第一印象を良くするには？

〈応接室（応接スペース）の上座の位置〉

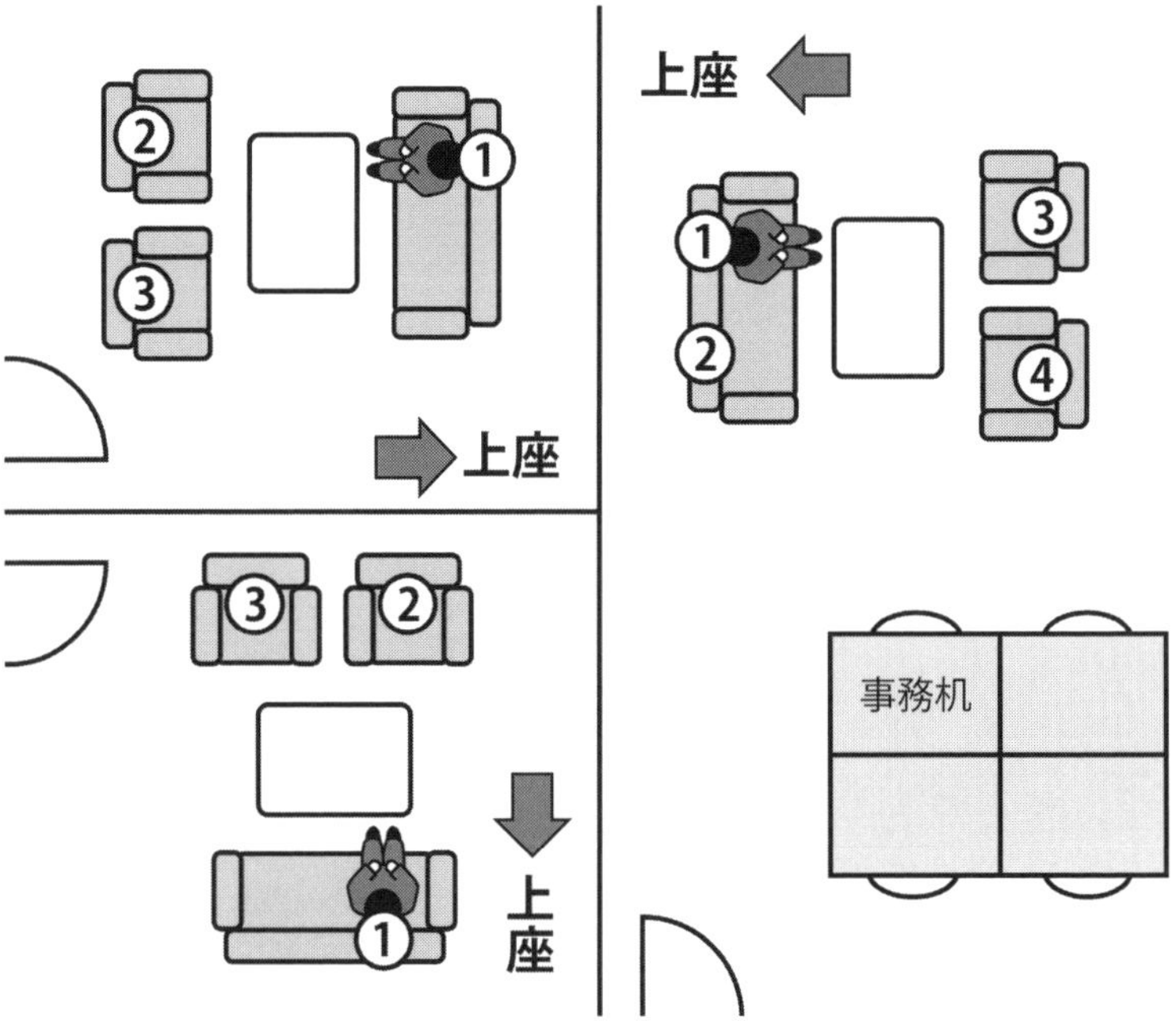

応接室等に通されたら、担当者が来るまでは立って待ちます。「おかけになってお待ちください」と言われたときは、席について担当者が来たらすぐに立ってあいさつできるように準備します（決して腕組みをしたり、足を組んで座らない）。この段階で、名刺をすぐに取り出せるようにしておきましょう。

席には「上座」と「下座」があります（**P．28図表**）。基本的に長椅子は訪問者（お客様）が座るところです。上座には座らないのが原則ですが、長椅子を勧められることも多いので、その場合は上座に座っても構いません。

担当者が来たら、金融機関名と自分の名前をはっきりと告げ、丁寧におじぎをします。おじぎは、直立した姿勢から上体全体を30度から45度くらい傾けます（会釈は約15度程度）。両手は体の前で重ねるか脇に添えます。視線も上体とともに相手の足元に向かって下げます。

会釈の時間は1秒程度ですが、それ以外は3秒程度が目安です。上体を戻したときに相手の目をしっかりと捉えるようにします。

名刺は必ず名刺入れに入れておきます。名刺交換は訪問した者が先に出すのが原則です。相手が読める向きにして、相手の胸のあたりに両手を添えて差し出します。受けるときは会釈をして両手で受けます。名前の読み方が分からなければ「お名前は何とお読みするのですか?」と質問しても構いませんが、次回訪問時に同じことを聞かないようにします。

記憶に残るよう、名刺に面談日時等を書き込む人がいます。悪いことではありませんが、相手の面前で書き込むのは失礼です。訪問後に外に出てから行いましょう。

●訪問時のチェックとヒアリング●

3. 面談にあたって注意すべきことは？

〈面談における話材の例〉

主な話材	ポイント
企業の歴史	創業年月日、創業者の経歴、社名の由来
経営者の考え方	経営方針、今後の事業展開についての見解
経営環境に対する認識	内部環境（経営者の資質、後継者の有無、製品力、営業力・販売力、従業員のモラール、財務状況など）、外部環境（業界・地域の動向、客層、競合他社の状況など）
製品・商品	種類、品揃えの幅
ターゲットとする顧客	対企業（B to B：Business to Business）なのか、対消費者（B to C：Business to Consumer）なのか
販売ルート	従業員の数（営業担当者の数）、営業所の場所・数など
製品単価と取引量	販売先（客）数、客単価
価格政策	近隣同業種との対比

面談はアポイントを取った訪問か、そうではない訪問（いわゆる飛込み）かで進め方が異なってきます。

アポイントを取っていない場合は、訪問する時間帯に注意しましょう。飲食店では、ランチタイムや夕方以降の忙しくなる時間帯は避けるようにします。一般的に、ランチタイムが一段落する午後2時くらいからディナータイムの準備が始まる午後5時くらいが、比較的空いているアイドルタイムになるので、この時間帯を狙うようにします。

面談の際にアイドルタイムを尋ねると、営業形態などの話に発展することがあり、情報をつかむきっかけになる可能性もあります。

また、商店などで接客中の場合は訪問を控えます。面談しているときに来客があった場合には、すぐに話を中断して来客との折衝を優先できるように配慮します。

飛込み訪問の場合、突然相手の時間をいただくわけですから、あまり長居をせずに短時間で切り上げる必要があります。まずは自分のことをきちんとアピールし、次回訪問時には会話が1ステップ深くなるようにします。2回目以降も自己紹介から始めるようでは時間が無駄だからです。

次回訪問のきっかけ（目的）を作るように、経営上の課題とはいわないまでも何かテーマ（宿題）をもらうようにしましょう。そのためには、対象企業の業種についての事前調査と、企業（業種）について自分が知っていることを確認しておくことが必要です。

アポイントを取って訪問する場合は、さらに具体的な訪問目的を持って出向く必要があるのは言うまでもありません。面談時の主な話材を掲げておきますので参考にしてください（**P.30図表**）。

●訪問時のチェックとヒアリング●

4.メモはどうやって取ればいい？

〈メモを取る際の記号と意味〉

記号	意　　味	記号	意　　味
↗	増加	；	同じことは……にもいえる
↘	減少	：	すなわち
○	肯定	／	引用文中の段落部分
×	否定	→	記述の展開（次に……）
?	……かもしれない	レ	要注意
??	問題がある	▽	参考文献
＋	さらに	∴	したがって
≒	類似	**略語**	**意　　味**
＝	要するに	e g	たとえば（exempli gratia）
∧	すなわち	r f	参照、関連事項（refer）
＜	拡大	c p	対照、比較事項（compare）
＞	縮小	e x	注（explanatory notes）
¬	これに反して	c f	確証、裏付け（confirm）

写真と違ってメモを取ることを拒否されることはまずありません。逆にメモを取らないと誠実さが疑われます。基本的には、前項で列挙したような事柄について（あまり直接的にならないように）質問し、その返答をノートや手帳に記録することになります。したがって、有効なメモを残すためには事前準備が大切です。

何にメモするかですが、筆者はＡ５判のシステム手帳か同サイズのリングノートを使っていました（Ａ６判以下のものは、書き込める情報量が少ないため備忘録程度にとどめる）。前者はレフィルの差し替えができるので、後で情報を整理するのに便利です。後者は二つ折りに持てるので、メモが取りやすいという利点があります。

いずれにしてもメモは片面・右側に行い、左側には事前に準備した質問項目を書いておきます。ただ、訪問先での会話が想定どおりに進むとは限りません。経営者が脱線して話が長くなる場合もありますが、こうした横道の話が重要なことも多いので、流れに任せたほうがよいでしょう。あまり長いようなら「また続きを聞かせてください」と、次回につなげることもできます。

メモは、記号を使って簡略に記録します（**P.32図表**）。このとおりでなくても、個人的に分かりやすい記号を使えばよいでしょう。重要なのは、面談が終わったら極力早く通常の文章に書き直すことです。この作業を怠るとメモの鮮度、つまり情報の鮮度が劣化します。

なお筆記用具は、筆者の場合、０・５ミリのシャープペンシルですが、書きやすいよう軟らかめの芯（２Ｂ）を使っていました。黒と赤のボールペンとシャープペンシルが１本に内蔵されているタイプを推奨する人もいます。

●訪問時のチェックとヒアリング●

5. 業況はどうやって確認すればいい？

〈決算書のチェックポイント〉

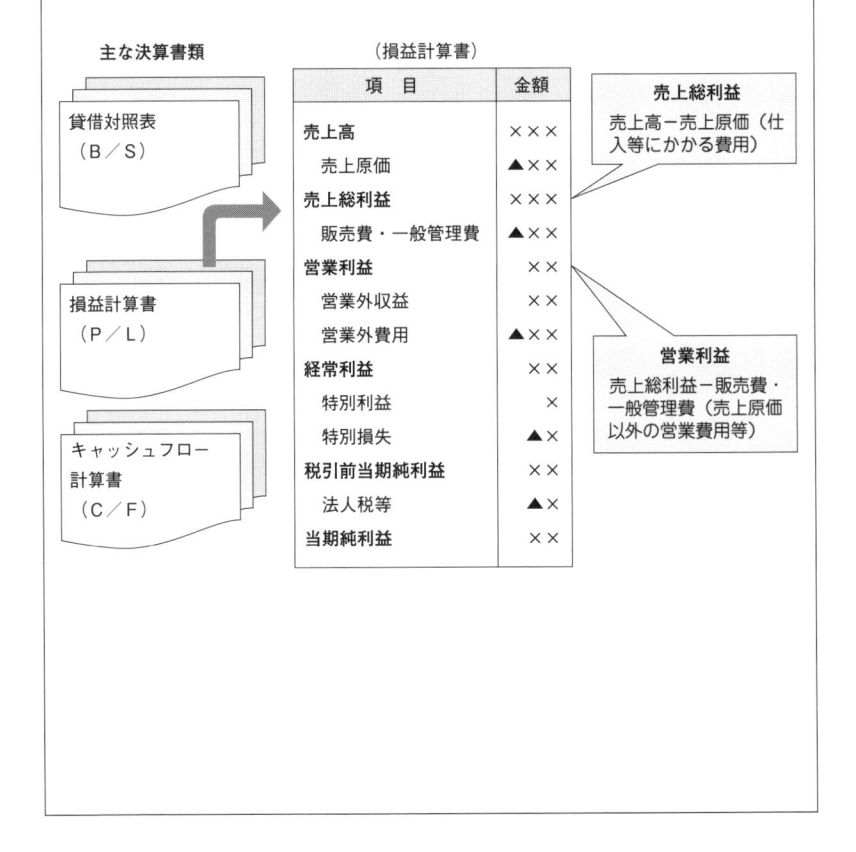

主な決算書類

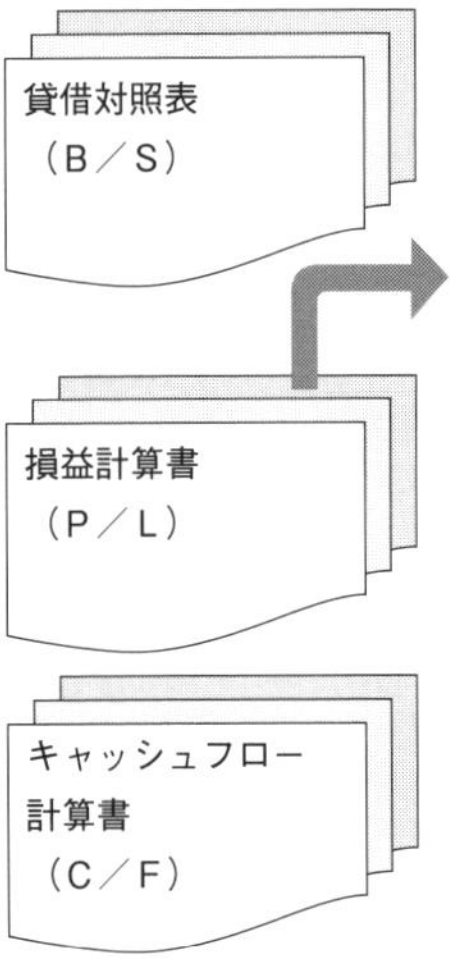

（損益計算書）

項　目	金額
売上高	×××
売上原価	▲××
売上総利益	×××
販売費・一般管理費	▲××
営業利益	××
営業外収益	××
営業外費用	▲××
経常利益	××
特別利益	×
特別損失	▲×
税引前当期純利益	××
法人税等	▲×
当期純利益	××

売上総利益
売上高－売上原価（仕入等にかかる費用）

営業利益
売上総利益－販売費・一般管理費（売上原価以外の営業費用等）

取引先の業況を把握するためには、「決算書」の確認とヒアリングが欠かせません。決算書は情報の宝庫です。取引先の財務状態や経営実績を確認することができます。あくまで過去のデータですが、業況をヒアリングするための最適な話題を提供してくれます。

では決算書の具体的な確認項目ですが、これは取引先の業種や事業の特徴、あるいは現在その企業が抱えている課題などによって異なります。

例えば製造業であれば、①受注を受けて（見込生産のケースもある）、②原材料を仕入れ、③製品を造り、④製品を出荷あるいは販売する——という業務の流れがあります。こうした業種の特徴等を踏まえて、ポイントとなる項目をチェックするのです。

とはいえ若手の皆さんは、まず損益計算書の「売上」や「利益」といった基本的な項目からチェックするのがよいと思います。決算書の数字をもとに、「前期は売上が少し伸びたようですが今期はいかがですか?」「前期は大きな利益を出されましたが今期はいかがですか?」といった感じに話を振ってみましょう。

もう一歩踏み込んで、「売上総利益（＝売上－売上原価）」について聞くことができれば、仕入価格の動向などに話を展開できるかもしれません。さらに、「営業利益（＝粗利益－販売管理費）」について聞くことができれば、「経費削減への取組み」といったホットな情報が得られるかもしれません。

前述の製造業であれば受注状況や生産工程の稼働状況、小売業なら仕入価格の動向や売上状況などが最も気に掛かるところでしょう。皆さん、真摯《しんし》な姿勢で耳を傾けてみてください。

●訪問時のチェックとヒアリング●

6.資金繰りの状況はどう確認すればいい？

〈資金繰り表のサンプル〉

（単位：百万円）

		7月	8月	9月予定	10月予定
繰越金（月初残高）		50	140	115	100
収入	売上現金回収	40	30	40	40
	売掛金回収	20	20	20	20
	受取手形回収	20	20	20	20
	収入計	80	70	80	80
支出	仕入現金支払い	30	30	30	30
	経費現金支払い	20	20	20	20
	買掛金支払い	20	20	20	20
	支払手形決済	20	20	20	20
	支出計	90	90	90	90
収支（差引過不足）		-10	-20	-10	-10
財務収支	借入金（調達）	100			
	借入金返済		5	5	5
資金累計（月末残高）		140	115	100	85

資金繰り表から、資金の過不足をチェックする

事業活動において、月次等で資金の動きを管理することを「資金繰り」といいます。そして、売上等の「収入」と仕入れ決済等の「支出」を対応させて過不足を明らかにした表を「資金繰り表」といいます（**P.36図表**）。これを確認できればよいのですが、資金繰り表を作成していない企業もありますし、なかなか見せてもらえないこともあります。

そこで、決算書の資金繰りに関する事柄を話題に出し、資金繰りの状況へと話を進めてみましょう。例えば、在庫や売掛金が増えれば資金繰りは多少なりとも窮屈になるはずです。「前期末から在庫が増えていますが適正在庫はどの程度ですか?」「前期末から売掛金が増えていますが回収条件が伸びたのですか?」などと質問してみましょう。

また、次のような項目も資金繰りの把握に役立ちます。

①業種……小売業は一般的に現金商売のため、資金繰りは比較的楽です。建設業は材料費や職人の手間賃などの支払いが先行するので、一定の運転資金が発生します。こうした業種の特徴を話題にすると、現在の資金繰り状況へと話を展開できるかもしれません。

②手形……受け取った商業手形を割り引かず取立に出すような企業は、資金繰りにゆとりがあると考えられます。そうした企業かどうかは、割引を勧めてみればある程度把握できるでしょう。

③正味運転資金……正味運転資金（＝流動資産－流動負債）が多ければ基本的に資金繰りは楽です。ただし不良在庫に流動性はないため、流動資産に含めません。

この他、損益分岐点売上高（＝損益ゼロとなる売上高）や買掛金の増減など、資金繰りに直結する項目はまだまだあります。工夫して質問してみましょう。

●訪問時のチェックとヒアリング●

7.事業の見通しは どう確認すればいい？

〈事業計画作成の流れ〉

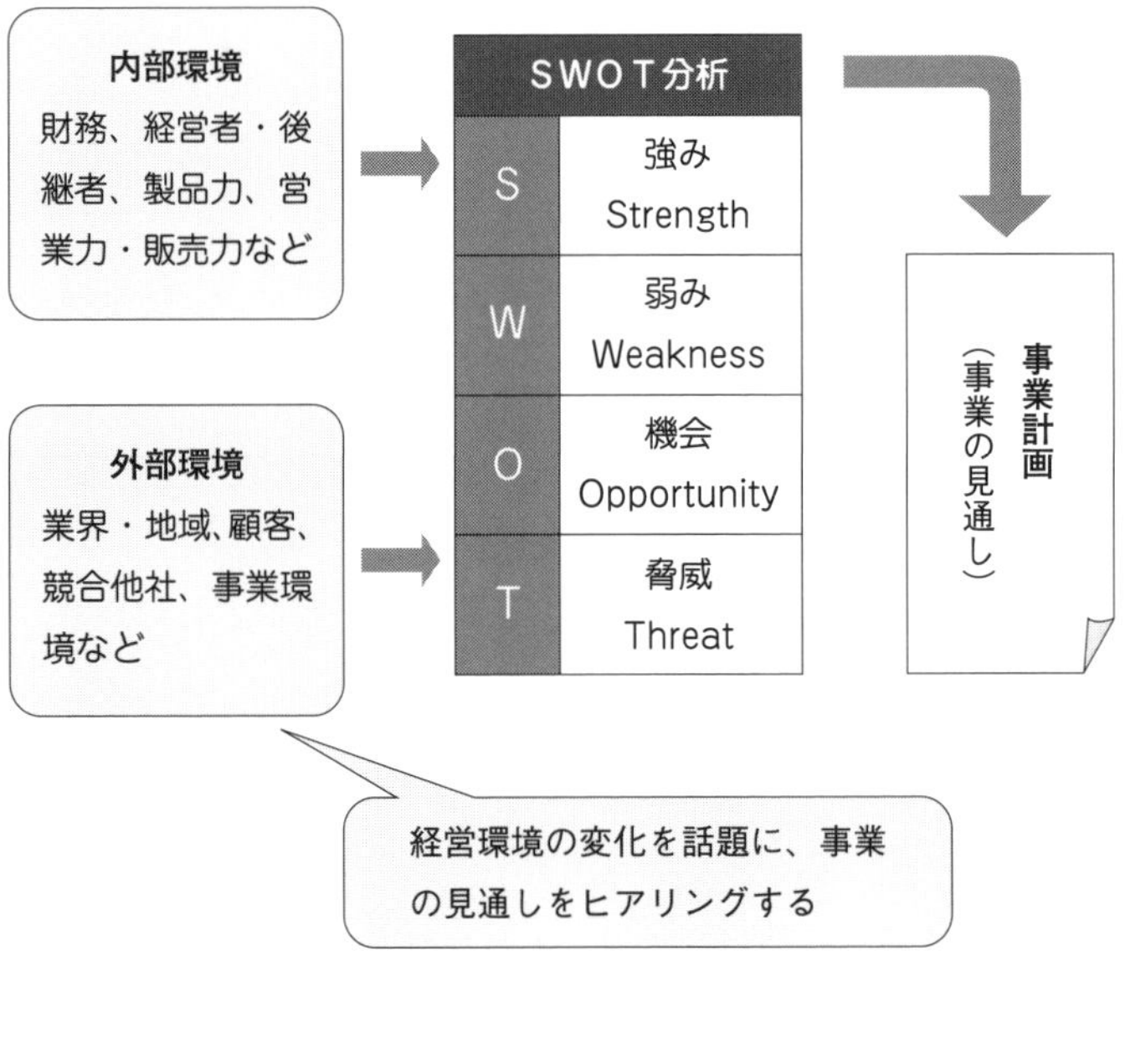

多くの企業は、将来の事業見通しに基づく「事業計画」を作成しています。この事業計画は、企業内外の環境分析（**P・38図表**）を踏まえた経営方針、新商品の開発、販路開拓、経費削減等へ向けた経営諸施策などから成り、これらの効果を織り込んだ計数計画に集約されます。

この事業見通しや事業計画は、企業内外の経営環境の変化に大きく影響されます。例えば、少子高齢化やグローバル化（海外移転）といった大きな社会情勢の変化は、多くの企業の事業見通しに影響を及ぼすものと思われます。

そこで、経営環境の変化に話を振ることにより、自然と事業見通しや経営ビジョンといったものが引き出せるのではないでしょうか。例えば、「大震災の影響はいかがですか。御社を取り巻くサプライチェーンに何か影響はありましたか?」「多くの業界でネット販売が急激に売上を伸ばしているようですが、御社でも検討されていますか?」といった具合です。

「ガソリン価格の変動は○○社に影響がありそうだな…」など、特定の環境テーマからテーマに関係のある取引先を思い浮かべることができれば理想的といえます。事業見通しへと話題を展開するのも難しくないでしょう。

経営環境のキーワードは、この他にもたくさんあります。マスコミなどで取り上げられているものからいくつか列挙しておきますので、参考にしてください。

①**内部環境**……事業承継・後継者問題、省エネ・エコ対策、知的財産、データ管理・クラウド化、債権の流動化など

②**外部環境**……資源不足、企業連携、トレーサビリティ、ビジネスマッチングなど

●訪問時のチェックとヒアリング●

8.融資につながる話題には どんなものがある？

〈融資につながる話題と資金ニーズ〉

話 題	ポイント	内 容	ニーズ
現預金	残高の減少	売上の減少などで手持ち資金が減少した	運転資金
受取手形	残高の増加	売上が増加した	手形割引
		条件が悪化した（サイトの長期化）	運転資金
売掛金	残高の増加	売上が増加した 条件が悪化した（回収期間の長期化）	運転資金
棚卸資産	残高の増加	季節仕入れが発生した	季節資金
		大口受注により在庫を積み増した	運転資金
売上高	残高の増加	売上が増加した	運転資金
支払手形	残高の減少	条件が悪化した（サイトの短期化）	運転資金
決算	納税等の準備	納税・賞与・配当を行う	決算資金
支払利息	多額計上	取引金融機関が多い	肩代わり資金
固定資産	土地	遊休資産の活用を検討	設備資金
機械装置	修繕費の増加	老朽化による買替えを検討	設備資金
借地権	地代の支払い	地主の相続発生などによる借地購入を検討	土地購入資金

融資ニーズを連想させる話題には次のようなものがあります。

①運転資金

売上の増加や、回収・支払条件の悪化（受取手形サイト・売掛期間の長期化、支払手形サイト・買掛期間の短期化等）といった話題が出れば、増加運転資金ニーズが見込めます。

決算に関する話題からは、納税、賞与、配当等の決算資金ニーズ、衣料品等の季節ものを扱っているのであれば、季節資金ニーズが考えられます。その他、新製品の開発といった話題もあります。

②設備資金

車検が切れる、機械の故障、新型機器の登場、受注に生産が追いつかないなどの話題からは、設備の更新や新型機導入が考えられます。事務所が手狭になったという話は、事務所の拡張・移転、事務の合理化などは、コンピュータの導入・更新、システム構築・高度化につながります。

事業承継に悩んでいるという話があれば、自社株や相続対策などを提案できます。リストラを検討しているなら、企業買収、人員整理のための一時金支払い、省力化設備などのニーズがあり、遊休土地があるなら、土地の活用プランの提案もできます。

融資ニーズを発掘できるか否かは、「資金需要発生を連想させる話を聞き逃さないこと」に尽きます。企業に動きがあれば、必ずそこに資金が必要となります。

「ソリューション（＝問題解決）ビジネス」という言葉をよく耳にしますが、問題解決の第一歩は、企業の抱えている悩みや課題をしっかりと理解することです。そのうえで、資金提供にとどまらず一歩踏み込んだアドバイスやサポートを実現したいものです。

●訪問時のチェックとヒアリング●

9.その他の話題にはどんなものがある？

〈地域密着型金融の目指すべき方向〉

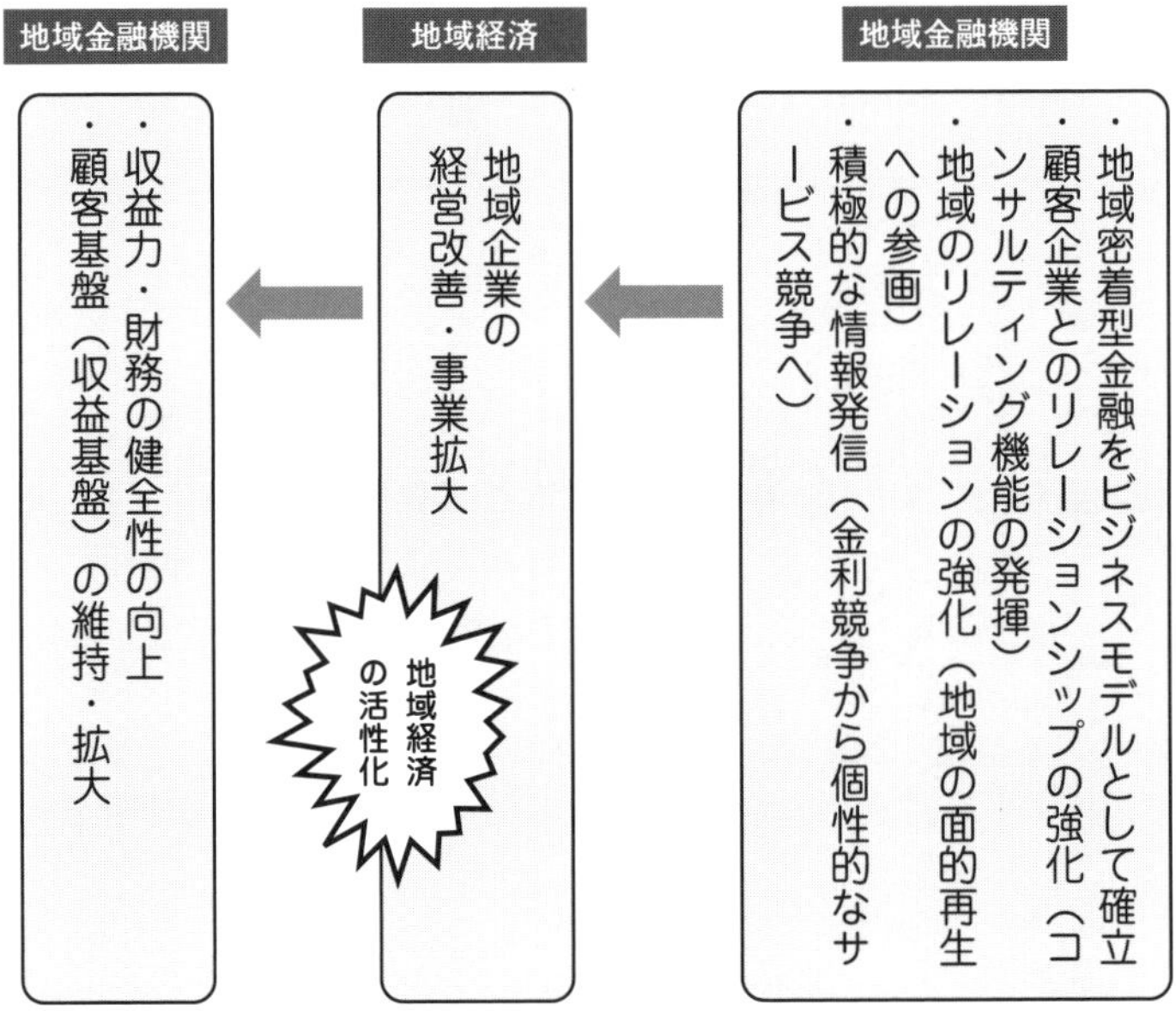
地域金融機関
・地域密着型金融をビジネスモデルとして確立
・顧客企業とのリレーションシップの強化（コンサルティング機能の発揮）
・地域のリレーションの強化（地域の面的再生への参画）
・積極的な情報発信（金利競争から個性的なサービス競争へ）
地域経済
地域企業の経営改善・事業拡大
地域経済の活性化
地域金融機関
・収益力・財務の健全性の向上
・顧客基盤（収益基盤）の維持・拡大

ソリューションとは、問題や課題の解決・解明という意味です。つまり、前項でも触れた「ソリューションビジネス」とは、取引先の抱えている問題を解明し、その解決策を提示するビジネスということになります。

今やこれは「ビジネスコンサルタント」の専売特許ではありません。IT、不動産、そして金融の世界でも常套《じょうとう》句《く》となりつつあります。地域密着型金融の推進に伴って、取引先からも金融の枠を超えた支援・サービスへの期待が高まり、行政もこの流れを後押ししています（**P.42図表**）。

取引先からの期待は、直接的な言葉で表現されるケースもあれば、やや遠回しな表現になるケースもあります。具体的な例で考えてみましょう。

例えば、自行の行っているセミナーや産業フェアなどのイベントについて取引先から問合せがあったとします。これは、何らかの経営課題の解決へ向けた動きと推測されます。融資以外のニーズを発掘するためには、日ごろから自行の開催する事業者向けイベントの案内を励行することが最も効果的ではないでしょうか。

また、自行の系列企業の事業内容などについて質問された場合には、取引先に金融以外の何らかのサービスニーズが発生していると推測できます。自行の店舗ネットワークについて質問された場合には、取引先の移転・出店、ビジネスマッチング（企業の紹介）などのニーズも考えられるでしょう。

さらに、事業承継について話題になったとします。円滑な事業承継を行うには、自社株の移転や相続税の納税などで様々な対策が必要になります。

●訪問時のチェックとヒアリング●

10. 訪問先で現金などを預かる際の注意点は？

〈事務の基本５原則〉

訪問先で、現金や小切手などを預かることは少なくありません。ミスを防止するため、事務の基本原則を十分理解してください。

①**現物主義**……現金その場限りという言葉があるように、現物の受渡しはその場がすべて。時間が経ってから「渡した」とか「渡さない」とか言っても後の祭りです。他のことに気を取られた状態で、現金を受け取るようなことがあってはいけません。

②**確認主義**……クレームを未然に防ぐためにも、確認を徹底しましょう。特に現金は金種をメモしながら必ず2度数えます（再勘定）。金種をメモすることは正確な現金収納だけでなく、万が一現金違算が発生した場合の原因究明にも役立ちます。

③**証拠主義**……現物の受渡しを明確化する手段として「受領証」や「預かり証」の発行および回収を徹底します。これを怠ることは大きなリスクを負うとともに、取引先からの信頼を失う行為です。外訪に出る前には受領証等を忘れないようにしましょう。

④**自己責任主義**……ひとたびミスが発生すればその処理を行った個人の責任は決して免れません。信用を第一とする金融機関の行職員としての自覚を持つことが大切です。

⑤**記録保管主義**……金券類、重要書類は必ず受渡し簿などへ記録を残して保管します。保管記録がないと万が一現物が紛失したとき、どの段階でなくなったのか判然とせず、責任体制が不明確な状態といえるでしょう。

以上の基本を十分に修得し、正しい事務処理を心がけてください。加えて個人情報の慎重な取扱いや説明責任の励行など法令遵守を徹底し、取引先との信頼を築き上げていきましょう。

●社内業務と報告・連絡・相談●

1.取引先から預かったものはどう管理すればいい？

〈重要物等管理簿の例〉

No	受入日	取引先名	預かり物	預かり理由	処理予定日	担当者印	検印	処理日
1	○○.9.15	㈱落葉商事	小切手・2/50万円	普）1234567 へ入金	○○.9.16	㊞	㊞	○○.9.16
2	○○.9.15	㈱秋空機械	権利証1通	9/20 証貸実行分、担保設定登記	○○.9.16	㊞	㊞	○○.9.16
3	○○.9.15	同上	印鑑証明書 2 通	同　上	○○.9.16	㊞	㊞	○○.9.16
4								
5								
6								
7								
8								
9								
10								
11								
12								
13								
14								
15								
16								
17								
18								

※必要に応じて別紙による明細表を作成する

渉外活動を行っていると、取引先から様々な用事を依頼されたり、重要なものを預かることがあります。例えば、預金関係では当座預金や普通預金などへの現金・小切手の入金、期日未到来の取立手形の預かり、税金の納付、振込などがあります。

また融資関係では、手形割引や手形・証書貸付等の申込書、割引手形の現物、融資実行のための原因証書、不動産担保に係る権利証、不動産登記事項証明書、決算書・試算表、印鑑証明書、納税証明書、その他融資関係書類などを預かることがあります。

取引先から預かるものは、すべて重要なものです。重要なものを預かるということは、お客様は相当の信用と信頼を担当者に寄せていることになります。したがって、お客様の信用を損ねることのないよう、誠実な対応に努める必要があります。

これらの重要物を預かる際には、「入金控え」あるいは「預かり証」などの書類を交付しなければならないことは、言うまでもありません。

預かった重要物の処理または管理は、帰店の時間帯により方法が異なります。帰店時に各係で処理できる態勢にあるときは、「預かり物受渡し票」や伝票等により処理を依頼します。また、帰店が遅く、すぐに処理できない態勢にあるときは、備えつけの「重要物等管理簿」（P.46図表）に記録し、役席者の検印後、金庫室・一時預かり保管庫等に一時預かりとします。

そして翌日、その重要物を役席者から受領し、担当係に対し処理を依頼することになります。この場合、当日預かりの翌日処理となりますので、処理日の関係で後日お客様とトラブルにならないよう、預かる際にその旨の了解を得ておく必要があります。

●社内業務と報告・連絡・相談●

2.取引先から得た情報はどう整理すればいい？

〈融資案件・情報管理簿の例〉

＊割引手形については記載不要　　☑受付　□相談　□計画その他

No	受付日（記入日）	顧客番号	取引先名	科目				申込金額（千円）	資金使途（申込内容）	実行予定日
				手貸	証貸	住口	その他			
1	○○.9.15	1234567	（株）南北製造	○				10,000	季節	○○.9.26
2	○○.9.15	2345678	（株）東西工業	○				10,000	運転	○○.9.26
3	○○.9.16	3456789	（株）風花産業		○			80,000	設備	○○.10.20
4	○○.9.20	4567890	（株）紅葉部品	○				20,000	季節	○○.10.3

融資取引を行ううえで情報はなくてはならないものであり、情報なくして融資推進は成り立ちません。毎日の渉外活動で集められた貴重な情報は、効率的かつ効果的に活用されなければならず、必要なときに必要な情報を抽出するためには、しっかりと整理する必要があります。

情報には様々な種類があり、すぐ融資に結びつくようなものもあれば、1年以上にわたり管理しなければならないようなものもあります。したがって、日々継続的なルーチン業務として情報の整理・管理を行うことが大切です。

きめ細かい情報管理を行うには、右のような「融資案件・情報管理簿」の作成が効果的です（**P.48図表**）。この書式は融資案件を「受付」「相談」「計画その他」の3種類に区分けして使用します（□欄にチェックを入れる）。

具体的な活用方法は次のとおりです。

①**受付**…取引先から金額、資金使途、借入期間、必要な時期など、具体的な融資条件が申し込まれた場合に記載します。記載科目は手形割引を除く全科目です。

手形割引は、受付後一両日中に実行するため記載は省略しますが、純新規の申込みの場合には、財務内容等の企業実態の把握、融資方針・取組方針の策定など、事務手続きに時間を要するため、必ず記載します。

②**相談**…数ヵ月先の近い将来に予定しているものの、具体化には少し検討が必要な案件を記載します。取引先が今後、金融機関のサポートを必要とする場合があるので、コミュニケーションを深め、ビジネスチャンスを逸しないように注意します。

〈チェックシートの例〉

チェック実施日	○○ 年 9 月 15 日	役席者	担当者
		㊞	㊞

No	チェック項目	○ or ×
1	訪問先から依頼された融資申込みは、常時管理簿に記載しているか	
2	訪問先からの融資相談内容を、間違いなく管理簿に記載しているか	
3	訪問先から得た融資に関係する情報を、間違いなく管理簿に記載しているか	
4	条件変更・金利引下げなど、新規融資を伴わない案件についても、間違いなく管理簿に記載しているか	
5	すでに処理済みであるにもかかわらず、消し込みがされていないものはないか	
6	理由もなく実行予定日を経過しているものはないか	
7	記載した項目の進捗状況に問題はないか	
8	問題点や課題があるのにもかかわらず、放置されているものはないか	
9	上司からの指示事項を遵守しているか	
10	当初の記載内容に変更がある場合には、修正あるいは別の行に再記載しているか	
11	特別な内容がある場合は、必要に応じて上司に報告しているか	
12	謝絶するような場合には独断で行わず、必ず上司の指示に従って行動しているか	
13	先送りせず、当日のことは当日中に記載することを心掛けているか	

③計画その他…「受付」「相談」以外の融資推進に係ることを記載する。「2～3年後には機械を買い替えたい」「将来は工場を建て替えて、生産の効率化を図りたい」「数年後には東南アジアに進出したい」など漠然とした内容でもよいので、将来の融資につながるようなことを記載します。

なお、直接的に融資につながらない情報など判断に迷う場合は、54頁の「報告・連絡・相談シート」の活用も考えられます。

「融資案件・情報管理簿」に記載した内容に変更があ

る場合には、修正あるいは別の行に記載し、最新の情報を維持します。記載した情報を継続的かつ有効に活用するためには、右のような「融資案件・情報管理簿登載に係るチェックシート」（**P．50図表**）も使用します。

チェックは四半期もしくは半期ごとに行うようにします。このようなチェックシートによる実施状況の点検作業は、スタート当初はそれなりに意識を持って取り組むものの、長い間にマンネリや形骸《けいがい》化しやすいことから、チェックすることの意義をきちんと認識して、活用していく必要があります。

融資推進に結びつく情報のほかにも、企業には重要な情報が数多くあります。その中の1つが定性情報です。定性情報は中小企業の内的な状況を表しており、一般的に「取引先概要表」により情報を整理・管理しています。

取引先概要表は、取引先企業の全体的な内容を明らかにしたものであり、融資の際の基本資料となるものです。具体的には、取引開始日、設立年月日、業種、沿革、役員、主な設備、支店・工場、仕入先・販売先、回収条件・支払条件、金融機関取引状況、資本構成、関連企業などが記載されています。

取引先概要表を見れば企業の概要は一目瞭然のため、常に新鮮な情報を維持しておかなければなりません。そのためには年に1度、決算書を取り受ける時期などに合わせて更新しておくことが大切です。

なお、期中に変動があった場合にはその都度内容を更新しておきます。

●社内業務と報告・連絡・相談●

3. 報告・連絡・相談はどう行ったらいい？

〈報告・連絡・相談の流れ〉

渉外活動によって集められた情報、取引先から依頼された事項等については、適時適切かつスピーディな対応が必要となります。取引先からの情報は、ビジネスチャンスにつながることもありますし、対応次第では取引先との信頼関係にも影響します。

対応にあたり上司や先輩への「報告・連絡・相談」を行うことを「ほう・れん・そう」といい、仕事を進めるうえで必ず身につけなければならないスキルです。必要なときに必要な報告・連絡・相談ができれば、業務がスムーズに展開するでしょう。

それでは、この報告・連絡・相談はいつ・どんなときに・だれに・どの程度すればよいのでしょうか。

担当者が支店長・次長に直接報告等を行うケースは少ないと思われるため、担当者の上司、あるいは先輩に向けたことが主になります。その情報が必要かそうでないかについては、される側、つまり上司や先輩の立場に立って考えれば判断しやすいと思います。それでも判断がつかなければ、最初に「このようなことについてですが、よろしいでしょうか?」と聞いてみます。

報告等のタイミングは内容の緊急度によります。急ぎの場合には口頭ですぐに行い、時間的な余裕があれば相手の仕事の様子を見ながら行います。また、係内で情報を共有することを目的として行われる、朝礼・夕礼時のミーティングの機会を有効に利用することも必要です。

報告等の流れのイメージは以下のとおりです（P．52図表）。

①担当者は必要とする「報告・連絡・相談」を役席者に行います。報告の際に使うシートがあれば必ず記載するが、緊急の場合には口頭で行います。緊急の場合で役席者が不在のときは、支店長・

〈報告・連絡・相談シートの例〉

情報発信日	報告・連絡・相談の標題	相手先	発信係	役席者	担当者
2011.9.15	○○工業株式会社との給振契約について	預金係	融資渉外係	㊞	㊞
情報内容：	・給振契約申込み ・2011年10月25日初回振込日				
担当者コメント：	・給振登録45件分処理願います				
役席者コメント：	・給振登録については懸念なし ・さらに取引拡大を図りたい先				

発信日	受信係	役席者	担当者
2011.9.16	預金係	㊞(複数も可)	㊞(複数も可)
係のコメント	了解しました		

受信日	報告・連絡・相談に係る店・次長のコメント
2011.9.16	・個人ローン等も提案しては(従業員含む)

中間報告日	中間報告(報告者…　　青山　　)
2011.9.30	・10/末　住宅ローン説明会　予定　　　・給振登録確認済

コメント記載日	中間報告に係るコメント(記載者…　　杉本　　)
2011.9.30	・ローン説明会の反応、報告のこと

次長に行い指示・命令を受けます。

②作成されたシートを役席者が必要に応じて支店長・次長に回付する。回付の必要がないと判断した場合には、コメントを記入し担当者に返却します。

③支店長・次長はコメントを記入し担当役席者に返却します。

④役席者は支店長・次長の指示・命令を確認したうえで担当者に返却し、必要な指示を行います。

⑤必要に応じて係内全員に伝達する。なお、内容によっては②～④のいずれかの

段階で伝達することもあります。

⑥係内全員に伝達した場合に意見を集める必要があれば、役席者が実施します。

次に、「報告・連絡・相談シート」の使用方法と書き方のポイントを見ていきます（P.54図表）。

まず、1先に1枚このシートを使用し、「標題」には例えば「〇〇工業株式会社との給振契約について」などと記載します。

「相手先」は、融資渉外係以外の係のことで、この情報を他係に伝えておきたい場合に使用します。

「受信係」は「相手先」に記載した係のことで、情報提供の必要があるか否かは役席者が判断します（他部署との連携は59頁で解説）。その後、支店長・次長に回付されますが、回付の必要性がないと判断されれば部署内で完結することになります。

このシートは情報発信日から始まり、中間報告、結果報告という流れで記入していくものですが、書ききれない場合などは必要に応じて別紙に記載します。

なお、時間的に余裕がある場合だけでなく、口頭で報告した場合でも後日のためにこのシートを活用するとよいでしょう。記入のポイントは次のとおりです。

・上司や同僚が必要とする情報を的確に伝えること
・結論を先に簡潔に記述すること
・箇条書きを活用すること
・分かりやすいタイトルをつけること
・事実と意見を分けて記述すること

●社内業務と報告・連絡・相談●

4.活動を記録する日報はどう書けばいい？

〈日報の例〉

融資渉外活動日報	活動日	支店長	次長	役席者	担当者
	○○年 9月 15日(木)	㊞	㊞	㊞	㊞

NO	訪問先名	訪問目的	活動実績状況(金額は千円単位)					
1	(株)木の葉工業	機械設備新規導入に係る相談対応		項目	当月目標	当月実績	累計目標	累計実績
2	(株)海山薬品	手形書換え手続き	1	訪問先数	××	××	××	××
3	(株)凸凹製紙	9/26実行分証貸関係書類取受け	2	うち新規	××	××	××	××
4	(株)光明製造	9/30期日分保証更新手続き	3	事業性融資獲得先	××	××	××	××
5			4	割引手形実行件数	××	××	××	××
6			5	同実行金額	××	××	××	××
7			6	手形貸付実行件数	××	××	××	××
8			7	同実行金額	××	××	××	××
9			8	証書貸付実行件数	××	××	××	××
10			9	同実行金額	××	××	××	××
11			10	住宅ローン実行件数	××	××	××	××
12			11	同実行金額	××	××	××	××
13			12	その他ローン実行件数	××	××	××	××
14			13	同実行金額	××	××	××	××

本日の特記事項	役席者の指示事項等	店・次長の指示事項等
・木の葉工業設備所要額は5000万円程度(金属加工機械) ・凸凹製紙経営者、同業他社の後継者問題に関心あり ・南町５丁目に新規商業施設建築中	・木の葉工業所要額について妥当性確認 ・凸凹製紙後継者問題、状況により本部連携 ・南町の物件、今後も進捗を確認	・木の葉工業融資シェア？ ・凸凹製紙、後継予定者確認

渉外活動は日報の作成で1日が終了します。自らの渉外活動の成果や活動状況を上司に知ってもらう機会としてはこの日報が中心のため、漏れがないよう要領よく記載します。では、記入例に基づきポイントを解説します（P・56図表）。

「訪問先名」「訪問目的」は訪問順に記載します。この部分は、前日の業務終了前に準備作業として記入しておくと効率的です。翌日の計画が周到に立てられると同時に、忘れ物がないよう十分確認することができます。

当日変更があった場合には修正や追加記入をします。大切なことは、訪問先との約束を守り効率的・効果的な訪問活動を実践することのため、単なる活動結果の記録だけではなく、事前準備のためにも活用しましょう。

「活動実績状況」は、推進項目と獲得目標・獲得実績を記入します。例では融資推進項目が記載されていますが、実際は各営業店の主要推進項目を計上することが多いでしょう。累計目標についても、四半期累計・半期累計・通期累計など、それぞれの実情に即した方法により設定されます。

「本日の特記事項」には、訪問先から得られた様々な情報から、報告すべきものをピックアップして記入します。融資に関係しない、訪問先から得た同業他社の景気動向、原材料等のコスト問題、他行動向、地域経済の動向、スーパー・地元商店等の新規出店などの情報であっても、必要に応じて記入します。

「役席者の指示事項等」「店・次長の指示事項等」には、担当者が記載したことに対する指示・命令事項が記載されます。必ず確認し、内容に疑問点や不明点があれば直接聞くことも必要です。

●社内業務と報告・連絡・相談●

5. 他部署との連携はどうすればいい？

〈他部署や本部への連携の流れ〉

渉外活動の中で、取引先の状況によっては、ビジネスマッチングやM&Aなどの積極的な提案を行って取引の拡大を図ることがあります。また、事業承継問題や法律・税務相談などで、積極的に取引先をサポートしなければならないこともあります。

このような専門的な知識を必要とする事案については、本部にサポートを依頼することになります。取引先紹介、共同事業などでは、業務上僚店と連携することもあるでしょう。また、営業店内においても、各係と様々な情報交換を行う必要があります。

それぞれの担当部署との密接なつながりが、渉外活動の成果を大きく左右します。スムーズな連携が行えるよう、営業店内外の機動性を高めておく必要があります。

右は各部署との連携のイメージです。全体的な流れは次のとおりです（P.58図表）。

①担当者は「報告・連絡・相談シート」（54頁参照）を作成し、上司に報告します。
②上司が支店長・次長に報告し指示等を受ける。他係に関係するものはその役席者に報告します。
③本部に対するサポート依頼または僚店との連携が必要な場合は、支店長や担当役席者が行います。
④本部から指示等を受けます。
⑤本部からの指示等を伝達し打合せ等を行います。
⑥最終的な指示等を行い実施に向けて準備を進めます。
⑦融資渉外係担当者および関連係担当者に対し、担当役席者は随時必要な情報等を提供します。

図表は1つのパターンであり、ケースによっては関係部署が複雑に関わります。なお、本部を介する場合など処理に時間がかかる場合は、お客様に中間報告をすることも必要です。

●その他●

1.担当先の引継ぎはどうやって受けたらいい？

〈引継ぎを受けるときのポイント〉

引継ぎを受ける際は、文書や口頭で取引先の情報をできるだけ詳しく伝えてもらいます。

当初は、前任者の対応方法を踏襲することから始めましょう。前任者と比較し、遜色のない対応を目指します。

担当者の異動などによる引継ぎは、取引先に心配や不安を与えることのないように、定められた期限内に迅速かつ正確に行います。

引継ぎをスムーズに受けるには、まずは前任者の対応方法を踏襲することから始めるとよいでしょう。早急に自分のやり方を打ち出すと失敗することがあるので注意します。

引継ぎの方法としては、文書で受けるものと口頭でよいものがあります。具体的には主に以下に挙げる事項をできるだけ詳しく引き継ぎます。

①文書で受けたほうがよい引継ぎ事項

・訪問日時、訪問頻度、面談相手の行動パターン
・事務上の取扱方法、取決め事項、特記事項など
・現在推進している案件内容、進行状況、成果見込み
・資金ニーズに関する情報など

②口頭でよい引継ぎ事項

・代表者の性格や生活情報など取引を円滑に進めるうえで承知しておく事項
・風評や噂《うわさ》など確定しない企業のマイナス情報
・秘匿すべき企業情報、経営上の問題点や対策、取組み状況など

引継ぎで大切なのは、後任者が前任者と比較して遜色《そんしょく》のない対応ができるように、万全を期すことです。そのためには引継書だけでなく、企業ファイルや情報管理ツールなど、詳細まで漏れなく引き継ぐために必要なものを活用します。

●その他●

2.同行訪問は どんなときに頼めばいい？

〈同行訪問を依頼するときのポイント〉

同行訪問は…

・既存取引先よりも新規開拓を優先して依頼する。
・既存取引先の場合は能力以上の折衝場面に限る。

事前準備は…

・自分で調べられることは事前にできる限り調べる。
・上席者には、分からなかった点について確認する。
・自分が話のイニシアチブを取れるよう、話の展開について指導してもらう。

訪問先では…

・上席者の応対の仕方から、企業の見方や折衝スタンスを学ぶ。

融資担当者になって間もないころは、経験が不足していたり業務知識が足りないことなどから、単独では折衝が難しいことがあります。このような場合には、上席者に同行訪問をお願いすることが効果的です。なお、同行訪問を指導が受けられる機会と捉え、ステップアップに役立てるという自覚を持つことを忘れてはいけません。

同行訪問をお願いするときのポイントは次のとおりです。

①自分が折衝のイニシアチブを取る

取引先との折衝では自分がイニシアチブを取れるように、訪問前に、あらかじめ上席者から話の展開について指導してもらうことが大切です。融資用語などについては事前に自分でできるだけ調べ、理解できない点だけを上席者に確認しましょう。

②新規開拓を優先して同行訪問を依頼する

同行訪問では、新規開拓先を優先すると自分の成長に大変役立ちます。

経験が少ないうちは、訪問企業の経営姿勢や経営形態などの定性面を観察する目がまだ養われていないので、融資取引の適合性の判断が未熟です。同行訪問では、知識では補えない上席者の経験に基づく企業の見方や接衝スタンスが学べます。

既存取引先への同行訪問は、担当先からの信頼を確実なものにしていくために、自分の能力以上の折衝場面に限って上席者に依頼するようにします。頻繁《ひんぱん》に同行訪問をしたのでは、逆に担当者としての評価を下げることになってしまいます。任された案件や相談ごとは成長の過程と考えて、まず自分で対応してから難しい場合の支援として頼むようにしましょう。

●その他●

3.訪問先以外で守るべきマナーは？

〈こんな行為は信頼を失うことに…〉

移動中に限らず勤務時間外でも、社会人としての基本的なマナーは忘れてはいけません。

取引先に関する秘密の保持など、コンプライアンスにも十分注意する必要があります。

金融機関の行職員に対する社会的な目は、一般の職種に比べて格段に厳しいものがあります。そのため、訪問先ではもちろん訪問先以外の場所でも、金融機関に勤務する人間にふさわしいマナーや言動・行動が求められます。

①社会人としての基本的なマナーを守る

苦情やトラブルは必ずしも訪問先で起こるとは限りません。外を移動しているときや勤務時間外でも常に見られています。周囲の目は、時間に関係なく光っていることを忘れてはいけません。

服装、身だしなみ、言動はいかなる状況でも社会人としての基本的なマナーに則ったレベルを維持しましょう。また、仕事とプライベートの隔たりなく、どんな状況下でも平常心を保った態度や言葉遣いを身につけることが大切です。

②コンプライアンス（法令等遵守）に留意する

あらゆる法令を守ることは当然ですが、特に車やオートバイなどの車両で移動する際は道路交通法を遵守しなければいけません。万一交通事故を起こしてしまうと周囲への影響は多大で、その責任は個人のみならず組織にも及ぶことになります。

どのような場面、環境においても「違反をしない、事故を起こさない」ことがお客様からの信頼につながります。

金融機関の行職員は、営業上知り得た取引先の秘密、例えば預貸金の状況や資産状況を第三者に漏らしてはならない「秘密保持義務」を負っています。日常の仕事だけでなくプライベートにおいても、十分注意する必要があることを認識して行動しましょう。

●その他●

4. 訪問先での話材はどうやって集めたらいい？

〈話材の集め方〉

新聞や本、インターネットで提供に適した情報を見つけたら、メモなどで残しましょう。

訪問活動中の観察で得た情報も、話材となります。スポーツや趣味も、機会をとらえて話題にしたいことです。

渉外担当者の営業活動の中で最も重要なことは「情報収集」です。業績を伸ばすためには、この情報収集が必要不可欠だからです。

情報は、お客様との間で日常的に話のギブアンドテイクを心掛けていないと集まりません。そのため普段から情報の基となる話材を集める必要があります。

①新聞や本、インターネットから話材を集める

新聞や本、インターネットなどの情報媒体は最も活用しやすいものです。提供に適した情報をキャッチしたら、まずメモなどで目に見える形で残すようにします。さらに、できる限り数値を含めて内容を捉えることがコツで、話材としての価値を高めることにもなります。

②営業活動や日常生活から話材を集める

話材は、営業活動や日常生活からも数多く集めることができます。網を張るような気持ちで情報のアンテナをいつも高く掲げておきましょう。

例えば、地域の情報を発信している出版物やホームページなどから行事や地域活動などをキャッチする、訪問活動中に環境の変化や人の動きを観察する、といったことが考えられます。

③スポーツや趣味などで話材の幅を広げる

機会を捉えて、スポーツや趣味などを話題にするのも忘れないことです。ただし、自分の得意分野の話でも自慢することなく、絶えず相手のペースで話を進めていくことが、よいコミュニケーションの取り方といえます。

なお、政治や宗教など個人の信条に関わる話については十分留意しましょう。

●その他●

5.職域での営業活動はどうやって行ったらいい？

〈職域営業の進め方〉

活動を始める前に…

・支店長などから経営者にアプローチをかけてもらい、必ず活動の了承を取り付ける。

営業推進の方法は…

・従業員に魅力を感じてもらいやすい商品を先行して推進する。

・次に、結婚・進学・住宅などのライフイベントに合わせた商品を推進する。

・アンケート調査などで、従業員個別の商品ニーズをタイムリーに捕捉していく。

従業員と良好な人間関係を築いていく努力を怠らない

職域での営業活動は、主に若年層を中心とした個人のお客様との取引拡大が狙いです。職域では面談率が高く効率のよい営業活動が行えるとともに、勤務先が特定されているため、個人についての様々な情報も正確に捕捉することができます。

また、新入社員などの若い世代との取引を早期に取り込めるため、生涯取引にも期待できます。

職域で営業活動を行うにあたっては、まず支店長などから経営者にアプローチをかけてもらい、活動の了承を取り付けてから行います。また、従業員個人への集金訪問などでも、経営者もしくは職場責任者の了解を得ておくことが常識です。

営業推進については、次のようなプロセスを取り入れていくことで活動がスムーズにでき、成果にもつながりやすくなります。

①支店長など経営者に理解を得られやすい人に協力してもらい、従業員に対する商品説明会の開催などの便宜を依頼する。

②カードローンなど従業員に魅力を感じてもらいやすい商品を先行させて推進する。

③ライフイベント（結婚・進学・住宅関連・自動車購入など）に合わせて推進ができるよう、商品知識とセールスノウハウを身につける。

④アンケート調査などを行い従業員個別の商品ニーズをタイムリーに捕捉していく。

職域での営業活動は、環境を整えたうえで商品を絞って推進することがポイントです。勤務に差支えのないよう面談日時に配慮して、個別にアプローチをするとよいでしょう。相手の立場に立った営業姿勢で、従業員一人ひとりとの良好な人間関係を築いていく努力も必要です。

●その他●

6.アポイントの時間を変更することになったら？

〈アポイント変更時の注意点〉

アポイントの時間に遅れそうなときは速やかに連絡します。理由とお詫びを丁寧に伝えるよう心掛けましょう。

急用ができた場合は、当初のアポイントとどちらが重要かをよく考えて判断します。

お客様の信頼を得る基本条件の１つに「約束を守る」ということがあります。特に時間は必ず守るというのがビジネスマンの常識で、営業活動をスムーズに行うために欠かすことはできないルールです。

しかし日常の活動では、急な用事ができて「アポイントの時間に遅れそう」あるいは「時間の変更が必要になった」ということもあります。このようなときは、まず相手への迷惑を最小限にするために次のような対応を取りましょう。

アポイントの時間に遅れる心配が出た場合は、その時点で相手に速やかに連絡を入れます。丁重に遅れる理由とお詫びを述べ、理解してもらったうえで変更後の時間について了承を得るようにします。

また、急な用事ができたような場合は、すぐに当初の約束時間の変更を依頼するのではなく、用事の重要性を考えて、本当にアポイントの変更が必要かどうかを判断します。

変更後の時間の設定については、相手が希望する時間を優先します。どうしても指定したい時間がある場合は、事情を話してお願いします。

交通事故など突然のアクシデントが原因で担当者から連絡ができにくい状況下では、上席者を通して相手に理解を求めるのがよいでしょう。しかし、担当者の都合で約束時刻の安易な変更を繰り返すと、お客様からの信頼は必ず揺らいできます。信頼が揺らげば業績にも影響が出ます。

したがって、やむを得ない場合を除いて当初約束した時間は変えないように努力することが、担当者としてのエチケットといえます。

●その他●

7.出勤時と退店前には何をすればいい？

〈出勤時・退勤時に行うこと〉

出勤時には…

・その日の行動スケジュールを確認する。

・出発までの仕事の段取りを定める。

・両替や現金届けなど、定例業務はあらかじめ時間の約束を取り付けておく。

・相談ごとは朝の時間帯は避け帰店後に行う。

退店前には…

・提出物はその日のうちに処理しておく。

・次の日の持参物をセットしておく。

・報告・連絡・相談はその日のうちに行う。

・机の上に何も置かない状態で退店する。

日常の仕事をスムーズに進めるために、朝の出勤時ならびに退店前に習慣づけておくとよいと思われることがいくつかあります。出勤時と退店前に分けて見ていきましょう。

①その日の仕事をうまく進めるためには

・訪問予定表に基づいて、その日の行動スケジュールを確認してから出発する。

・訪問活動の出発時刻を定めて厳守できるようにする。出勤時から出発までの仕事の段取りを定めて効率を上げる工夫をする。

・出発時に取引先から急な訪問要請を受けることを避けるために、両替や現金届けなど定例的な業務はあらかじめ時間の約束を取り付けておく。

・上司への相談ごとは急ぐ場合を除いて朝の時間帯はできる限り避ける。

②次の日にスムーズに仕事に入るためには

・日報・各管理表などの提出物は、その日中に処理を済ませて退店前までに上席者に提出する。

・次の日の訪問準備については、訪問順路や目的に従って持参物を取引先ごとにセットしておき、翌朝すぐに出発できる態勢を整えておく。

・上司への報告・連絡・相談は退店前までに要旨を整理し指示を得るようにして、翌日に持ち越さない。

・常に整理・整頓を心掛け、机の上には何も置かれていない状態で退店する。

営業活動は、基本とする１日の行動パターンを定めておくと効率が上がります。以上のような点を心掛け、出勤時と退店前に上手に時間を使うことが営業活動をスムーズに行うポイントです。

コンプラ Column ①

安易に「融資できます」と答えるべからず

何らかの事情により融資の手続きが遅れ、融資の申込みをしたお客様から融資実行の可否について聞かれた場合に、担当者がつい「融資できます」と答えたとします。しかし、稟議が承認される前に融資予約と誤解されるような言動をすることは厳禁です。口頭による融資の約束は「融資予約が成立した」と相手から受け止められても仕方ありません。

●誤解を招くような言動は厳禁

融資の手続きは、①申込みを受けた後、②業況・資金繰りの状況や事業の見通し等を踏まえ、資金使途、返済能力、融資金額および保全の妥当性を判断し、③支店内で協議をしたうえで、④稟議書を申請する、という手順で進められます。そして融資はこの稟議の承認後に実行されます。

担当者は、融資してもらえるのか不安に感じているお客様を安心させるため不用意に発言したのかもしれません。しかし、稟議が承認される前に融資予約と誤解されるような言動は厳禁です。なぜなら、お客様は融資予約が成立したと信じ手付金を払うなど売買契約を進めてしまう可能性があるからです。

金融機関が融資予約をした場合に、相手方からその履行（融資の実行）を請求されると、金融機関はこれに応じる義務があります。万一稟議が不承認となり金融機関がこの義務を果たせないということになれば、債務不履行または不法行為による損害賠償責任を負うことになりかねません。

稟議承認前には、融資の可否について発言しないように徹底しましょう。また、「稟議承認前に金銭消費貸借契約証書などを取り受けること」なども、お客様に融資予約と誤解されることがあります。

取引実行編

◆取引実行編◆

融資取引はこんな流れで進めよう！

パッ
融資実行までの
基本的な仕事の流れは
こうなっておる

①融資申込受付
↓
②上席者への報告・相談
↓
③店内メモ（融資メモ）の作成
↓
④支店内協議（方針・条件の確認）
↓
⑤お客様との交渉
↓
⑥稟議起案
↓
⑦稟議決裁（条件付応諾の場合は再度交渉
否決の場合は謝絶）
↓
⑧契約関係書類の交付・契約内容の説明・
借入れの意思確認
↓
⑨融資の実行

では
いまはどの段階だ
融資申込みを
受けた段階ですね

そうか…
ではまず上司に
報告する必要があるな
そして店内メモを
作成するのが
次の段階になる

店内メモは
どうやって作れば
いいんですか？

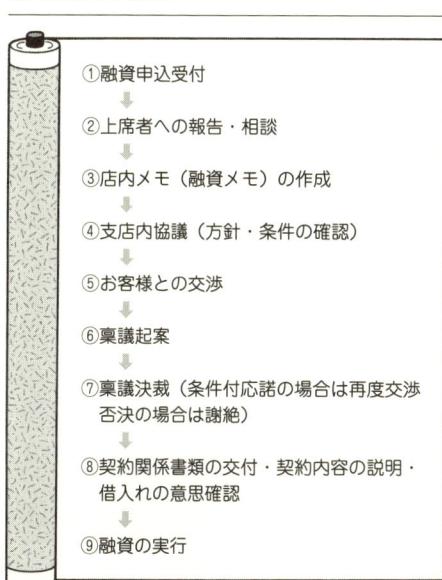

君はこれから訪問するんだろう そこで先方の希望条件を聞き 資金使途や返済原資など こちらが融資を検討するために 必要な情報を集めるんだ
ヒアリングすること 必要な書類などは 事前に整理して おくことだな
そして 支店内協議ですね
うむ
集めてきた情報を基に 店内で融資を行うべきか どのような条件が妥当か 協議するわけだ 店内メモには 担当者としてその案件に どう取り組みたいのか 意見を添えることも重要だぞ
先方の希望条件と 合わなかったら 交渉が必要になるんですよね

そうだ
そして交渉がまとまれば稟議書を作成する
稟議の決裁が下りれば融資の契約を結ぶことになる
契約を結ぶときに気をつけることはありますか？
融資形態ごとに必要な書類や手続きは異なるから注意したいな
また しっかり説明と意思確認をしなければ後でトラブルになるおそれもあるぞ
ありがとう
なんだか自信が出てきたよ
そうか
詳しい仕事の進め方は次ページ以降を参考にすればいい
それと融資実行後のモニタリングも忘れずに行いたい！
では
さらばだ
ボワ〜ン

●融資案件の検討と判断●

1.融資の打診があったら何をヒアリングするの？

〈融資の使途・期間・形態〉

資金使途	期間・返済方法	融資形態
運転資金 	短期 期日一括返済 ※運転資金は常に発生するため長期運転資金とするケースもある	手形貸付 手形割引 当座貸越 （証書貸付）
決算・賞与資金 	短期 期日一括返済 ※ただし、月々一定額を返済（内入れ）するケースが多い	手形貸付 当座貸越
設備資金 	長期 分割返済	証書貸付

融資の打診を受けたときは、融資判断の基礎となる事項を網羅的に確認することが必要です。融資は担当者1人の判断で実行することはなく、必ず案件を分析・報告する人と、決裁をする人（本部の審査部門など。支店長の決裁で実行できる場合もある）の複数の眼で判断されます。

ですから、基本的な事項は打診を受けた段階で明確にしておかなくてはなりません。最低限、次のポイントは確認しましょう。

①**希望金額**…総額でいくら必要で、そのうちいくらを融資で賄う計画なのか

②**希望時期**…いつ資金が必要なのか。時間的に余裕のない逼迫《ひっぱく》した申し出の場合は特に注意が必要

③**資金使途**…何に使うのか

④**返済期間**…返済をいつ、どのように行うのか。運転資金や決算・賞与資金は半年から1年以内に返済される短期資金、設備資金は1年超の長期資金が一般的

⑤**返済原資**…何によって借入金を返済する計画なのか。通常、運転資金や決算資金は売上収入から返済し、設備資金は生み出された利益により返済する。売上や利益の見通しと返済計画を確認する

⑥**担保・保証の有無**…担保の有無と具体的な物件、保証の可否

資金使途の確認は、融資判断を行ううえで重要なことの1つです。実際に申込みを受ける融資の主な資金使途には、右のようなものがあります（**P.80図表**）。

運転資金とは営業を行ううえで必要になる資金で、商品の仕入のための資金支出から、販売による資金回収までの期間的なズレに対応するものです。決算・賞与資金は納税、配当、賞与などで一時的に発生する資金、設備資金は事業に必要な設備機械や土地・建物を購入する資金です。

●融資案件の検討と判断●

2.融資の打診があったらどう報告すればいい？

〈店内メモの例〉

受付日 平成○年９月15日（木）

店内メモ

取引先名	秋風衣料
1．借入希望日	平成○年10月３日
2．金額	1000万円
3．資金使途	季節資金（冬物衣料仕入れによる）
4．返済期日	○○年１月31日
5．返済計画・返済原資	冬物衣料の売上により回収
6．金利・採算・収益性	短プラ＋0.35% 過去４回季節資金の返済実績あり
7．担保・保全	手形貸付、代表者の特定保証

担当者意見

・例年と同額、同じ期間での申込み。

・この３年間、堅調な売上を維持しており、利益水準もほぼ一定である。

・同社との取引実績、過去の返済実績より懸念なしと思料。ぜひ取り上げたい。

支店長指示（可・否）〔「可」に丸印〕

「条件」

仕入条件の変動の有無を確認のこと

取引先から融資の打診があったときは、上司に対しポイントを明確に、そしてただちに報告することが必要です。ただちにというのは、企業には必要な時期に資金を調達する必要があり、往々にして必要な時期の間際になって、金融機関に相談するというケースが見られるからです。

また、自行で取引先の希望に応じられない場合、取引先は他の金融機関に打診すると思われます。ですから対応が遅れ、時間切れで他の金融機関からの融資も受けられないという最悪の事態につながることは、絶対に避けなければなりません。融資の希望時期と回答期限は明確に報告するようにしてください。

また、口頭での報告と併せて、通常は稟議書を簡潔にした形式の店内メモ（融資メモ）により、申し出内容の報告を行います（**P.82図表**）。この店内メモによって申し出内容を明確にすると同時に、融資が可能かどうかの方向性の確認が行われます。

店内メモの書式は金融機関によって様々ですが、図表のように「借入希望日」「金額」「資金使途」「返済期日」「返済計画・返済原資」「金利・採算・収益性」「担保・保全」「担当者意見」といった諸項目が網羅されていることが一般的です。

店内メモは、事実の報告と同時に対応方針を検討するための基礎資料ですから、必ず担当者としてどうしたいのかを記述します。資金使途や返済の確実性、収益性を十分吟味したうえで、「取り上げたい」「○○を条件に取り上げたい」「謝絶したい」といった意見を明記するようにします。

はじめは何をどう書けばよいか戸惑うことが多いと思いますが、上司や先輩に質問しながら、自分の考えをまとめてみましょう。

●融資案件の検討と判断●

3.融資の検討にはどんな書類をもらえばいい？

〈融資の検討にあたっての必要書類の例〉

	書　類	内　容	確認事項と留意点
基本的な資料	商業登記事項証明書 定款	会社の設立からの動き 資本や役員の移動 事業目的	会社の目的・事業内容の確認
	株主名簿 会社パンフレット 経歴書	株主の構成 取扱商品の概要 取引先・仕入先の状況	会社の商品・取引先の状況
	決算書 (法人税申告書)	業績の推移 財務の状況	財務の安全性・収益性の判断 今後の取組方針を検討する基本資料
	金融機関別借入残高推移表	銀行別の借入残高を借入種別に記録	借入全体の推移の確認 他行の取組方針の確認 自行のシェアの確認
個別資料	事業計画書 資金繰り表	(運転資金) 資金計画 資金調達の裏付け	融資申込みの裏付け 運転資金返済計画の確認
	賞与支給の実績・計画表 納税一覧表	(決算・賞与資金) 賞与支給額の過去の実績と今年度の見込額 種別の納税額	賞与資金必要額の確認 納税額の確認
	設備投資計画書 設備の概要に関する資料	(設備資金) 設備投資の中身	設備投資の内容 効果の判断 返済能力の判定

融資の検討にあたっては取引先に書類の提出を求めます。ここで提出してもらう書類には、融資実行のための基本的な書類と個別の案件判断に必要な書類があります（P.84図表）。

基本的な書類とは、会社の存在自体や会社の中身、業績が分かる書類です。新規の融資申込み先であれば会社の登記事項証明書や定款、株主名簿、会社案内、決算書などを用意してもらいます。決算書は直近の3年分を用意してもらうことになりますが、税務署の受付印のある法人税の申告書を求めるのが一般的です。

個別の案件判断に必要な書類とは、資金使途や返済原資の裏付けとなる書類です。運転資金の申込みであれば、今後1年程度の売上の計画、資金繰りの見込みなどが分かる資料の提出を依頼します。設備資金であれば、購入設備のパンフレットや説明書、設備投資の効果を織り込んだ事業計画書、返済計画案などの提出を依頼することになります。

企業によっては、売上・利益と資金返済、その他の資金繰りを網羅した総合的な資金計画表を自ら作成して説明できる場合もありますが、そこまでの準備ができない企業の場合には、売上や利益の計画書と融資返済計画書を個別に提出してもらい、金融機関が総合的な計画表を作成してみて、返済の可能性を検討することも必要になります。

なお、ここで提出を依頼するのは、あくまで融資審査のための資料です。二度手間になるからといって、この段階で融資実行の際に取り交わす借入申込書や金銭消費貸借契約証書の用紙を渡してしまうようなことをすると、融資の申し出が承認されたという誤解を招くおそれがありますので、十分注意してください。

●融資案件の検討と判断●

4.適切な融資金額はどう判断すればいい？

〈適切な融資金額の検討〉

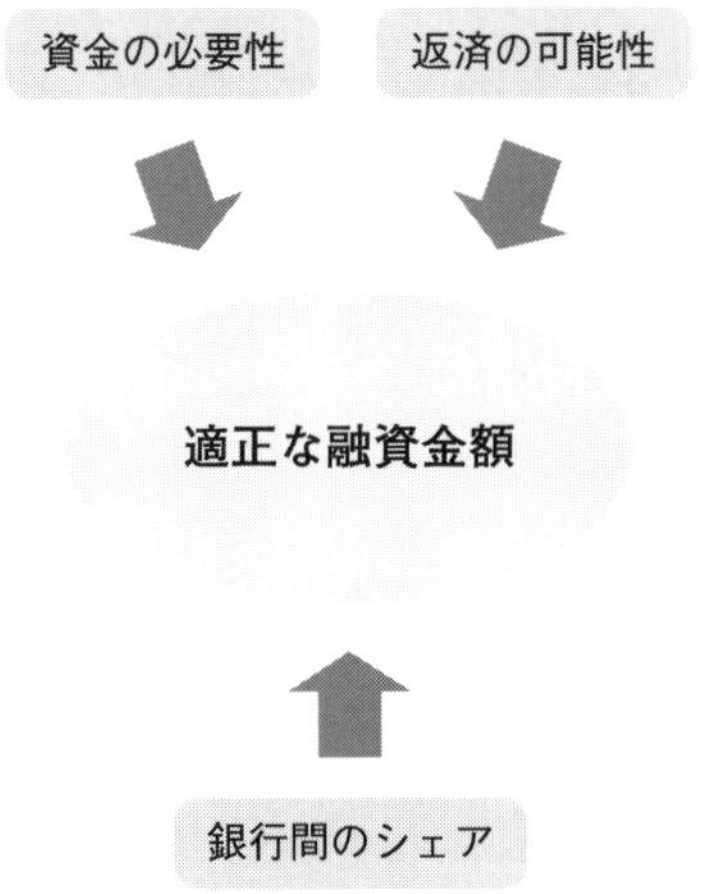

設備資金の金額妥当性判定のポイント

①設備投資金額

②うち自己資金

③差引調達額

④返済期間の検証
設備資金借入額
純利益＋減価償却費
返済可能期間

利益により、借入金が何年で返済できるか

⑤シェアの妥当性

当行	××％	（既存シェア××％）
A行	××％	（　　　　××％）
B行	××％	（　　　　××％）

既存のシェアと比べて妥当かどうか

融資金額が適切かどうかは、資金の必要性が妥当か返済が可能かという点を中心に判断します。また、取引金融機関のシェアについての妥当性も判断します。

運転資金の申込みに対しては、売上債権、在庫、買入債務の残高から必要額が計算できます。運転資金のうち、売上高が増加したことに伴って発生する運転資金を増加運転資金といいます。この増加運転資金に対する融資申込みの場合は、「どの商品の月々の売上がいくら増加したのか」「仕入れから回収までの期間がどれだけあるために、いくらの資金が必要になったのか」を具体的に確認し、必要な資金額を試算します。

一方、設備資金の申込みであれば、「どういった設備を購入するのでいくら必要なのか」「設備投資の効果は確実に見込まれるのか」といった点を数値を基に確認します。

次に必要額のうち、すべてを融資で対応するのか自己資金も使い一部を融資で対応するのかを確認します。その結果、返済が可能か返済能力に見合った調達かどうかを検討します。

優良先であれば、多くの資金を売り込みたいと考えがちですが、企業活動にはリスクがつきもので、当初の事業計画を下回ることが往々にして発生します。返済能力に見合った融資金額の設定を心がけるべきでしょう。

また、取引金融機関が複数の場合、金融機関間のバランスも考慮する必要があります。積極的に営業協力や資金提案を進めた結果、多くのシェアが獲得できればよいのですが、業績悪化企業からの融資申込みで、メイン行ではないのに高いシェアの申込みがあった場合には、何か事情があるのではと疑ってみる感覚も必要です。

●融資案件の検討と判断●

5.返済能力については どう判断すればいい？

〈所要資金と返済能力の考え方〉

所要資金の計算	返済能力の考え方
運転資金 所要運転資金＝売上債権（売掛金・受取手形）＋在庫（商品・製品）－支払債務（買掛金・支払手形）	**売上収入が返済原資** ・売上債権の貸倒れ（販売先の倒産による回収不能）のないこと ・在庫の売れ残り（不良在庫化）のないこと ・売上が安定的または増加傾向にあり、黒字基調で推移していること
決算・賞与資金 所要資金＝賞与支払額＋配当金支払額＋納税支払額（３月決算企業では冬季は賞与資金のみ）	**売上収入が返済原資** ・決算・賞与資金は、一時的に多額の資金を支出する場合に借り入れるもので、３ヵ月～半年程度で、売上収入の中から返済する
設備資金 所要資金＝設備購入費用＋関連諸費用	**利益＋減価償却費が返済原資** ・返済可能期間＝設備資金借入額÷（税引後純利益＋減価償却費） ・返済可能年数の中で返済期間を設定 ・通常、５～７年程度で返済できることが望ましい

融資した資金はどのように返済されるのか、改めて考えてみましょう。個人（会社員）が住宅ローンを借りる場合を例にとると、返済の原資は毎月の給料とボーナスです。ここから日々の生活に必要な額を除いた金額が返済の原資となり、この金額で年間返済額が賄えるかが、判断の基準になります。事業資金についても、「返済原資は何か」が判断のポイントになります（P．88図表）。

では、融資の種類別に見ていきましょう。

運転資金は売上収入が返済原資になります。売上は、商品を販売した段階では現金のほか売掛金や受取手形ですが、最終的には現金となり、仕入れや経費支払いのために受けた融資の返済に充てることが可能になります。

したがって、売上が着実に推移し不良債権がなく黒字基調にあれば、適切に見積もった融資金額の返済は可能と判断されます。

決算・賞与資金は、一時的に必要な資金を融資しその後何ヵ月かの売上収入で返済されるため、やはり黒字基調で売上が着実に推移すれば返済能力が認められることになります。

設備資金は、利益（より詳細には税引後の純利益）に減価償却費を加えた金額が返済原資になります。減価償却費は会計上は費用と認識して売上から控除しますが、実際には資金が外部へ流出するものではないので、計算した税引後の純利益に戻して返済に充てられる利益額を算定します。

設備資金融資の検討にあたっては、当該融資を含めた長期借入金の総額が、この利益によって何年で返済できるかによって返済能力を判定します。通常、5～7年程度なら返済能力ありと認められますが、10年を超えるようだと負担が大きいと考えられます。

●融資案件の検討と判断●

6. 保全面については どう判断すればいい？

〈担保・保証の種類〉

融資金は、当初の見込みどおりに返済されることが原則ですが、事業計画が予定どおりに進展せず、返済に支障が生じることがあります。そうした場合でも、お客様の預金等を原資にして融資を行っている金融機関は、資金の回収を確実に行わなくてはなりません。万が一の場合に返済を補完するのが「担保」や「保証」という手段になります。

担保は、客観的な評価が可能で管理や処分の容易なものが望ましいことから、不動産、定期預金、商業手形、有価証券、商品などが対象になります。不動産には抵当権や根抵当権、預金や有価証券には質権を設定し、万が一の場合に備えることになります。

担保の評価は、時価に一定の「掛け目」を乗じて算定します。不動産や有価証券（国債や株式など）は価格の変動がありますし、実際に担保権を実行する（強制的に処分して資金の回収に充てる）場合には、時価を大幅に下回るのが通例だからです。

自行の定期預金であれば１００％で評価できますが、不動産の場合は60～80％で評価するケースが多いようです。自行のルールを確認しておきましょう。

保証は、万一の場合、借主に代わって保証人に支払ってもらう制度です。法人の場合は代表者に連帯保証人になってもらうことが一般的ですが、場合によっては代表者以外で経営に関わっている個人や、他の法人の第三者保証を取り受けるケースもあります。

個人の場合にはその人の資力の確認とともに、保証の意思確認が重要になります。法人の場合には取締役会の承認が取れているかを確認します。

また、中小企業の場合には信用保証協会付融資（マル保融資）を検討することもできます。

●融資案件の検討と判断●

7.適切な融資条件はどう判断すればいい？

〈運転資金の資金使途別分類〉

短期運転資金	①経常運転資金	営業活動を行ううえで、経常的に必要となる運転資金
	②増加運転資金	売上の増加や回収・支払条件の変化などにより、追加的に必要となる運転資金
	③季節資金	生産・集荷・販売時期に季節性のある商品の仕入資金等
	④決算資金	決算に伴う法人税等の納税資金、または配当金・役員賞与等の支払いに必要な資金
	⑤賞与資金	従業員の賞与の支払資金
	⑥減産資金	売上の減少等により、生産活動を縮小させる際に必要となる資金
	⑦在庫資金	積極的な意図による在庫備置・在庫積増のための資金、または意図せざる在庫増加の資金
	⑧つなぎ資金	別途資金調達が確定しているが、その実現までをつなぐための短期資金
長期運転資金	①長期経常運転資金	経常運転資金または増加運転資金を長期資金とするもの
	②投融資資金	子会社に対する出資や融資に必要な資金
	③債権焦付き資金	焦付き債権や滞貨が発生した場合の運転資金
	④赤字資金	２～３年間で赤字解消が見込まれる場合の、赤字による不足資金

融資の可否判断においては、融資金額、返済能力、保全面などを総合的に検討することが必要ですが、その前提として資金使途の十分な把握が必要です。

なぜなら、資金使途によってその返済原資も異なり、また一般に資金使途によって融資期間や融資形態が決まり（81頁参照）、さらにその結果として融資金利も決まってくるからです。

資金使途は様々で、運転資金だけでも詳しく分類すると右のようになります（**P．92図表**）。

また、融資に適用する「利率」は融資条件の大きな要素の1つであり、利率の決定においては、その時点での「金利水準」や自行の「金利体系」に基づき、諸要因も考慮しながら総合的に判断することが必要になります（**P．94図表**）。

①融資先の信用状態

融資の金利には、当該融資が回収不能に陥る危険性に対する「保険料」としての要素が含まれるため、融資先の信用状況が良好で回収に懸念がない場合には、その分低い利率を適用できます。

②保全状況

回収の確実性という観点から、保全状況の高い融資ほどリスクは小さいと考えられるので、低めの利率が適用されます。

③資金使途

②と同様、回収の確実性という観点から、同一融資先であっても資金使途によって利率の設定を変えるケースも考えられます。例えば、減産資金や赤字資金などの後ろ向きな資金は回収の確実性が劣ることから、高めの利率を設定するのが一般的です。

〈融資金利を決める要因〉

要因	内容
融資先の信用状態	・信用状態良好＝低い利率を設定可
保全状況	・保全状況が高い＝低い利率を設定可
資金使途	・赤字資金等＝高めの利率を設定 ・使途により変える場合も
融資期間	・短期＝低めの利率を設定 ・長期＝高めの利率を設定
融資金額	・小口の融資＝高めの利率を設定
他行とのバランス	・実質金利が他行とかけ離れないように設定
取引方針等	・拡大方針＝低めの利率を設定することも ・取引メリットを十分検討
取引メリット	・総合的な取引採算が確保されているかどうか考慮

※これらの要因は一例。金融機関により利率の決まり方は異なる

また、決算資金や賞与資金など付随する取引メリット（税金取扱い、個人預金等）が期待できる場合には、他の資金よりも低めの金利を設定することもあります。

④融資期間

融資期間に着目した場合、一般に長期資金の利率は高めに、短期資金の利率は低めに設定します。

⑤融資金額

融資金額の多寡により適用利率も変わってきます。融資の金利の中には、その原資である預金や外部資金などの資金調達コストのほか、当該融資の審査・実

行・事後管理等に対する諸経費（人件費・物件費）も含まれています。

したがって、小口の融資ほど大口融資に比べて単位あたりの事務コストが大きくなるため、高めの利率が設定されます。

⑥他行とのバランス

企業は一般に複数の金融機関と取引しており、そのうち一金融機関だけが高い利率を設定しようとしても、競争原理から取引の維持・拡大を図ることは困難です。したがって、他行の適用利率（表面金利だけでなく、預金・その他取引も含めた実質金利で比較することが必要）とのバランスを失しないよう配慮が必要です。

⑦取引方針・融資戦略

新規に取引参入したい企業、戦略的に融資シェアを拡大したい企業に対しては、他行に比べ低めの利率を適用する場合もあります。ただし、この場合は、取引メリットについて十分な検討が必要であり、他行動向や同業他取引先への適用金利にも配慮が必要です。

⑧取引メリット

融資利率の決定において最も重要なのが、総合的な「取引メリット」です。取引採算が確保されている企業については、融資実行後の取引や採算がどう変化するかを考慮して利率を設定します。

逆に融資取引のみで取引の拡大も見込めず取引採算が芳しくない企業については、金利を高めに設定して融資単体で採算を確保していくのが一般的です。そのほか、企業の成長性、自行内の融資金の還流度、親会社と子会社、下請け企業、企業系列等にも配慮する必要があります。

●融資形態と手続き●

1.証書貸付の場合には どんな手続きが必要？

〈金銭消費貸借契約証書（一部抜粋）〉

（元金均等用）

金銭消費貸借契約証書　平成 ○ 年 6 月 22 日

株式会社　近代銀行　御中

住　所　東京都新宿区北新宿1－1－1
借入人　株式会社　田中商事　㊞

住　所　東京都中野区中央1－1－1
連帯保証人　田中　一郎　㊞

住　所
連帯保証人

借入人は、別に締結した銀行取引約定書の各条項のほか、この約定を承認のうえ、
株式会社　近代銀行（以下、銀行といいます）から下記要項により金銭を借入れました。

借入要項	金額	¥30000000	借入日	平成 23年 6月 22日	
	資金使途	運転資金			
	最終弁済期日	平成○年6月14日			
	弁済方法	平成○年7月31日を第一回として金840,000円也、以後1ヵ月毎の末日に金840,000円也宛支払い、期日に金600,000円也をもって完済とする。			
	利率	固定金利2.75000％（1年を365日とする日割計算）			
	利息支払の時期・方法	借入日を第一回とし、平成23年7月31日を第二回として以後1ヵ月毎の末日に次回支払日までの分を先払いする。			
	損害金	この約定による債務を履行しなかったときは、遅延している元金に対し年14％（1年を365日とする日割計算）による損害金を支払うものとします。			
	弁済用預金口座	店名	種目	口座番号	弁済用口座届出印
		中野支店	普通預金	0123456	㊞
	元金の弁済日、利息の支払日が銀行の休日にあたる場合は、｛㊋・前｝営業日とします。（いずれかを○で囲む）				

金額の頭部に¥を記入してください。

信用保証協会保証付の場合	東京・埼玉・	保証日付 平成　年　月　日	保証番号	

証書貸付とは、融資先から融資金額、資金使途、返済期日、返済方法（初回・毎回・最終回）、借入利率、利払方法など、具体的な融資条件を詳細に記載した「金銭消費貸借契約証書」を差し入れてもらい、融資を実行する方法です。

これは金融機関の代表的な融資形態で、短期・長期を問わず幅広く利用されていますが、一般的には、長期間にわたり分割返済する場合に使われています。具体的な資金使途は、工場建設資金、機械購入資金、長期運転資金、アパート建設資金などが該当します。住宅ローンも証書貸付の1つとされています。

証書貸付は主に、①資金使途が設備資金等で金額が大きい場合、②借入期間が長期（1年超）の場合、③融資と同時に担保を取り受ける場合に利用されます。

融資にあたり不動産などの担保を取り受ける場合には、金銭消費貸借契約を行うと同時に（根）抵当権の設定契約も行う必要があります。この場合は、抵当権・根抵当権などの区別を明確にすることも大切です。

抵当権の場合は「金銭消費貸借契約および抵当権設定契約証書」を取り受けます。根抵当権の場合は「金銭消費貸借契約証書」と「根抵当権設定契約証書」を併用して取り受けます。すでに根抵当権設定契約がある場合は、新しく根抵当権を設定することなく、金銭消費貸借契約証書のみ取り受けます。

証書貸付は、長期間にわたり返済を受けるケースが多いため、必要に応じた詳細な条件（返済方法、利息支払方法、金利変動ルールなど）を書面に明確に記載することができ、融資取引には極め

〈金銭消費貸借契約証書のチェックポイント〉

□債務者・保証人の署名等について
　代筆をしていないか
□記載事項のすべてにつきお客様が
　記入しているか
□契約書の種類に間違いはないか
□印鑑証明書と確実に照合しているか
　（住所・氏名・印鑑）
□借入金額・利率など返済条件の
　正しい明確な記載があるか
□資金使途は稟議書と一致しているか
□実際の資金使途について確認したか
□印紙は規定どおり貼られ割印しているか

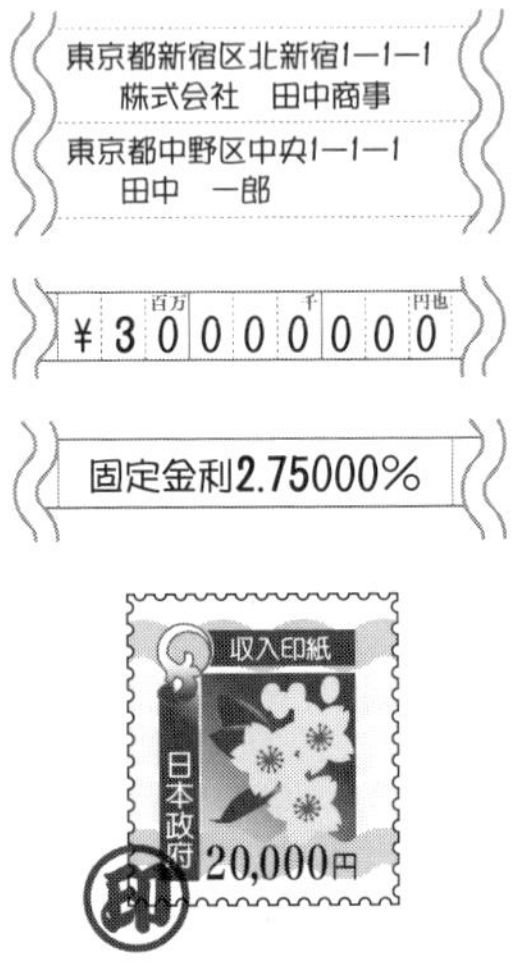

て有用な融資形態といえます。

　また、資金使途や融資条件などが目に見える形で細かく記載されているため、融資先と後日争いになることが少ない融資形態といえます。

　証書貸付の手続きでお客様に説明する重要なポイントは、次のとおりです。それぞれの内容をしっかり理解してください。

①金銭消費貸借契約証書は差入方式

　金銭消費貸借契約証書は、金融機関に差し入れてもらう「差入方式」になっています。差入方式の契約書は、金融機関に対してより重い注意義務・説明義務が課されています。ですから、記載事項のすべてをお客様に記入してもらわなければなりません。お客様に依頼されても金融機関の職員が代わりに記入（代筆）してはいけません。

そして契約書の記載事項については、契約書の写しを交付したうえで、お客様の納得のいくまで十分に説明することが必要です。

②契約書の種類

証書貸付は、プロパー融資のみならず個人ローンにも利用されますので、多くの契約書が存在します。お客様の契約内容に合わせた契約書を使う必要がありますので注意が必要です。また、金銭消費貸借契約証書には手形貸付とは違った金額の印紙の貼付が必要となりますので、この点注意してください。

③返済条件

返済条件は基本的に分割返済となりますので、特に返済方法・利払方法に注意します。

返済方法では、元金均等返済（毎月の元金返済額が一定で、それに利息が加わる返済方法）とするか、元利均等返済（元金と利息を合わせて、毎月一定額を返済する方法）とするかで大きく返済金額が違ってきますので、そこを重点的に説明します。

借入利率は固定金利か変動金利か、変動金利であれば何を基準に変動するかを説明します。また利払方法は、利息が先取りか後取りかなど、契約によって細かく定められることになるため、注意が必要です。

●融資形態と手続き●

2.手形貸付の場合にはどんな手続きが必要？

〈手形貸付の約束手形サンプル〉

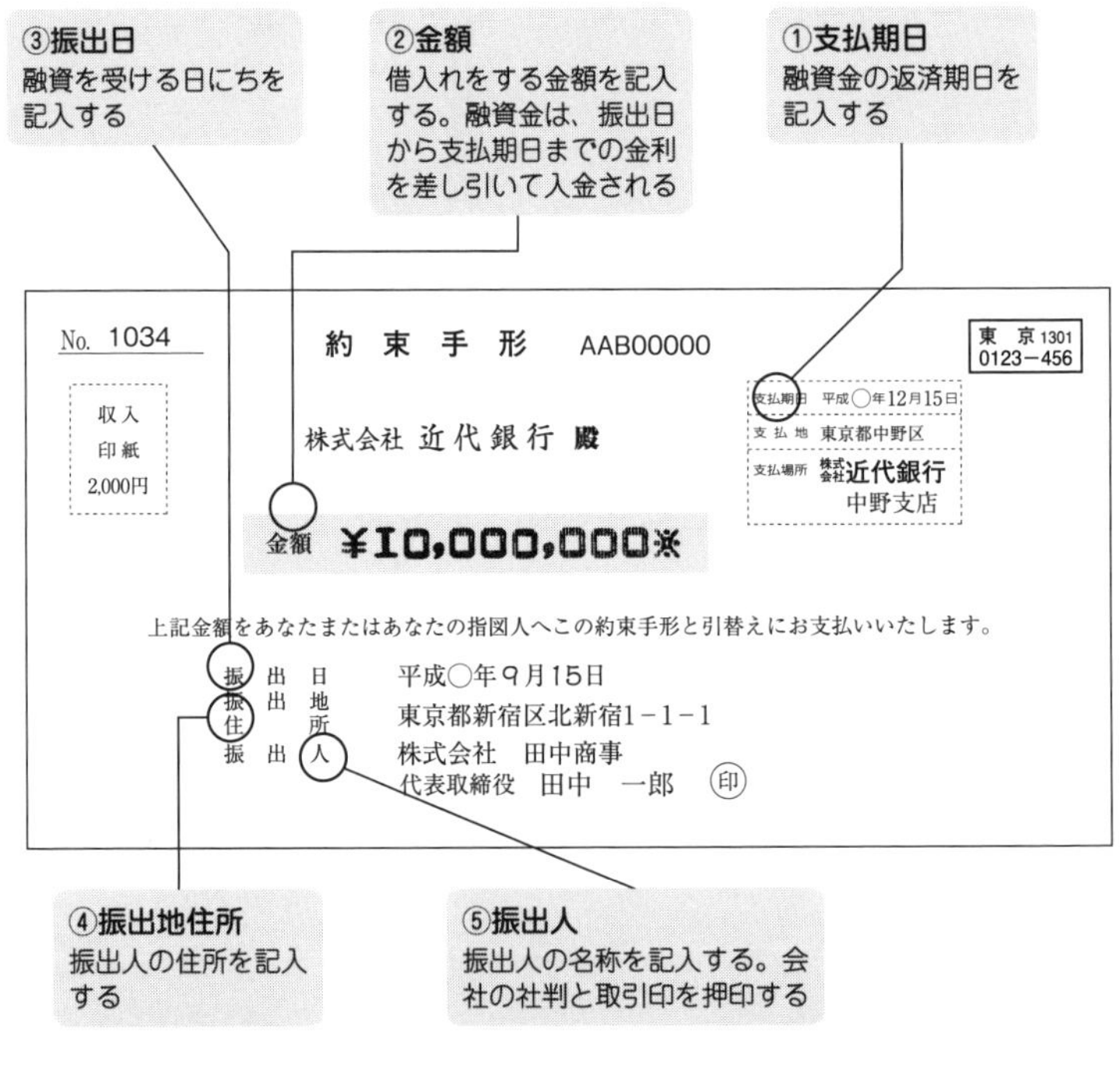

手形貸付とは、借用証書をもらう代わりに、お客様が振出人となり金融機関を受取人とした約束手形を取り受け、金融機関が代わり金を交付する融資方法です。

主に短期の増加運転資金、季節資金（決算資金や賞与資金）、つなぎ資金、工事立替資金などに使われることが多く、数ヵ月から1年以内の短期の融資を実行する場合に利用されます。

手形貸付を「単名」と呼ぶことがありますが、これは「単名手形（手形債務者が振出人１人である手形）」のことを指しています。

銀行取引約定書と手形貸付との関係ですが、手形貸付について債権保全に必要となる特約は、すべて銀行取引約定書に盛り込まれています。したがって、初めて融資取引を行う際に銀行取引約定書を取り交わせば、融資実行の都度取り受ける書類は原則として約束手形のみとなります。

手形貸付の特徴は次のようなことです。

①約束手形を取り受けるだけで融資できるので、実行手続きが簡便
②証書貸付に比べ、お客様にとっての1回あたりの印紙税の負担が軽い（ただし、何回も手形を書替する場合はこの限りではない）
③手形書替の都度お客様と面談できるので、業況や実態把握の機会が多い
④手形貸付は法律上、金銭消費貸借契約による債権と手形による債権を併せ持つことになるため、債権管理上有利
⑤債権の回収において債権の立証や譲渡が簡単

見本として掲げた約束手形は、田中商事が近代銀行から１０００万円を平成○年9月15日に借り

〈手形貸付のチェックポイント〉

□統一手形用紙を使用しているか
□金額、振出日、支払期日の訂正はないか
□金額欄はチェックライターを使い
　正しく印字されているか
□金額欄が手書きの場合には漢数字
　（壱、弐、参、拾など）を使っているか
□振出日は融資実行日と一致しているか
□振出地住所・振出人の欄は印鑑票と同じか
□印紙は規定通り貼られ、割印されているか

て、平成○年12月15日に返すことを約束して、振り出されたものです（**P.100図表**）。

　約束手形には9つの手形要件がありますが、銀行借入用の手形は汎用的なところはすでに印刷してあるため、お客様が記入するところは支払期日・金額・振出日・振出地住所・振出人の5ヵ所になります。

　支払期日には融資の返済日を記入しますが、土・日・祝日は極力避けます。金額欄には融資金額を記入しますが、チェックライターで正しく印字されている

か、手書きの場合には漢数字（壱、弐、参、拾など）で記載されているかを確認します。振出日には融資実行日を記入します。

振出地住所・振出人欄の、住所・氏名（会社名・役職名・代表者氏名など）および印影は、届出の印鑑票と照合します。

手形貸付の利息は、基本的に支払期日までの分を先取りします。したがって、融資金は振出日から支払期日までの金利を差し引いて入金されます。

利息の計算は、貸付金×年利率×日数÷３６５日です。付利単位は１００円で利息の円未満は切り捨てます。日数は両端入れで計算します。図表の融資の利息は仮に金利を３％とすると、１０００万円×３％×92日÷３６５日＝７万５６１６円となります。したがって、振り込まれる融資金は９９２万４３８４円となります。

手形貸付で期日前に返済があったときは、返済日の翌日から支払期日までの利息を返します。これを「戻し利息」といいます。

手形貸付は、季節資金など短期の運転資金としてよく使われるため、支払期日には返済してもらうのが原則です。しかし、支払期日が来ても返済できなかったり、経常運転資金の場合などは、新しい手形を取り受けて支払期日を延期することがあります。これを手形の書替（単名のころがし）といいます。

書替のときに業績が悪化していると、手形貸付に約定弁済をつけることもあります。手形を書き替える場合は、利息は書替日の翌日から新手形の約定期日まで（片端入れ）取り受けます。

●融資形態と手続き●

3. 手形割引の場合にはどんな手続きが必要？

〈割引手形のチェックポイント〉

□手形の券面はすべて記入してあるか
（手形要件のチェック）
□振出日は記載があるか、暦にある日か
□支払期日は振出日より後の日か
□手形の裏書は連続しているか
□振出人等の信用調査の結果はどうか
□割引手形は商取引に基づいているか
□割引銘柄が集中していないか
□商慣習に合わない手形ではないか
□同業者、関係会社の手形ではないか
（融通手形ではないか）
□手形サイトが長すぎないか

手形割引とは、手形の売買を利用した融資の方法です。お客様が商取引で受け取った手形を、その支払期日より前に資金が必要な場合に、お客様との間に締結された銀行取引契約に基づき、満期日までの割引料を差し引いた金額で金融機関が買い取る形で融資を行います。

金融機関が割り引く手形には商業手形、荷付為替手形、銀行引受手形がありますが、商業手形がほとんどです。このように手形割引の法的性質は手形の売買とされており、手形貸付と並び短期融資の代表的なものです。

お客様にとっては、本来なら期日まで現金化できない金銭債権を期日前に現金化できるというメリットがあります。しかし、金融機関はどんな手形でも買い取るわけではありません。買取りにあたっては当然審査を行います。割引手形の審査は手形要件が完備しているかという法律面と、手形が支払期日にきちんと支払われるかの経済面から行います。

法律面では、手形の形式的要件が完備しているか裏書が連続しているかを見ます。

経済面では、まず信用調査を行います（約束手形の振出人、為替手形の引受人に手形の支払能力があるかを調べる）。手形割引においては、振出人等の信用力に頼って手形を買い取るわけですから信用調査が一番重要です。

次に手形が商取引によって発生した手形であるか、融通手形（商取引に基づかず、金融機関で割り引くためだけに振り出される手形）ではないかを調べます。

割引手形が不渡となった場合、金融機関は割引依頼人に手形の買戻しを請求します。買戻しができない場合は、金融機関は手形の所持人として中間裏書人に遡求することができます。

●融資形態と手続き●

4. 当座貸越の場合には どんな手続きが必要？

〈当座貸越のチェックポイント〉

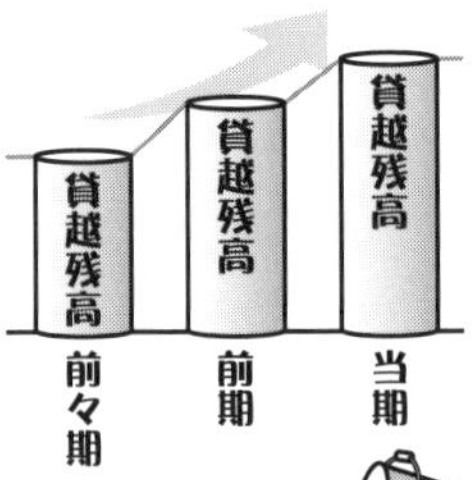

□当座貸越契約書の貸越極度額、取引期限、自動継続期限をチェックする
□実際の貸越残高を把握しておく
□貸越極度超過とならないか注意する
□貸越残高の固定化に注意する
□信用状況は良好な先か
□経営実態、財務内容、資金繰りについて把握できているか
□お客様の信用状況に変化はないか

当座貸越とは、当座預金の残高を超えて手形・小切手が回ってきたときに、あらかじめ許容した金額の範囲内で、手形・小切手を決済する方式で行う融資です。また当座預金とは連動せず、貸越極度の約定を締結して返済条件や利払条件などを定めた貸越専用口座を開設しておき、専用の払戻請求書により反復継続して貸越を行う方式の当座貸越もあります。

当座貸越は、貸越極度内であれば反復継続的に融資が受けられ、いつでも返済ができ、さらには手形貸付より印紙税を節約できるほか、利息は貸越分だけを支払えばよいことから、お客様にとっては大変便利な融資形態です。

しかし金融機関から見ると、当座貸越は極度額までの貸出義務を負い、資金使途が把握できず、返済期限も実質ない（自動継続となるケースが多い）ため、お客様の実態把握がおろそかになりがちという問題点があります。

したがって、お客様の経営実態、財務内容、資金繰りなどの信用状況を十分調査し、優良先に限定して取引すべきです。また、お客様の信用状況が悪化してきた場合は、手形貸付や証書貸付に切り替えることも検討します。

当座貸越には、信用保証協会の保証をつけたビジネスカードローン（事業資金専用のローンカードで、ＡＴＭから必要なときに必要額を借りられる商品）、一括支払システム（手形を振り出す企業に代わり金融機関が決済サービスを行い、仕入先企業に当座貸越を利用できるようにしたシステム）、コミットメントライン（金融機関があらかじめ融資枠を決め、融資の約束＝コミットをする契約）など、様々な商品があります。

●融資形態と手続き●

5. マル保融資の場合には どんな手続きが必要？

〈マル保（信用保証協会付き）融資の仕組み〉

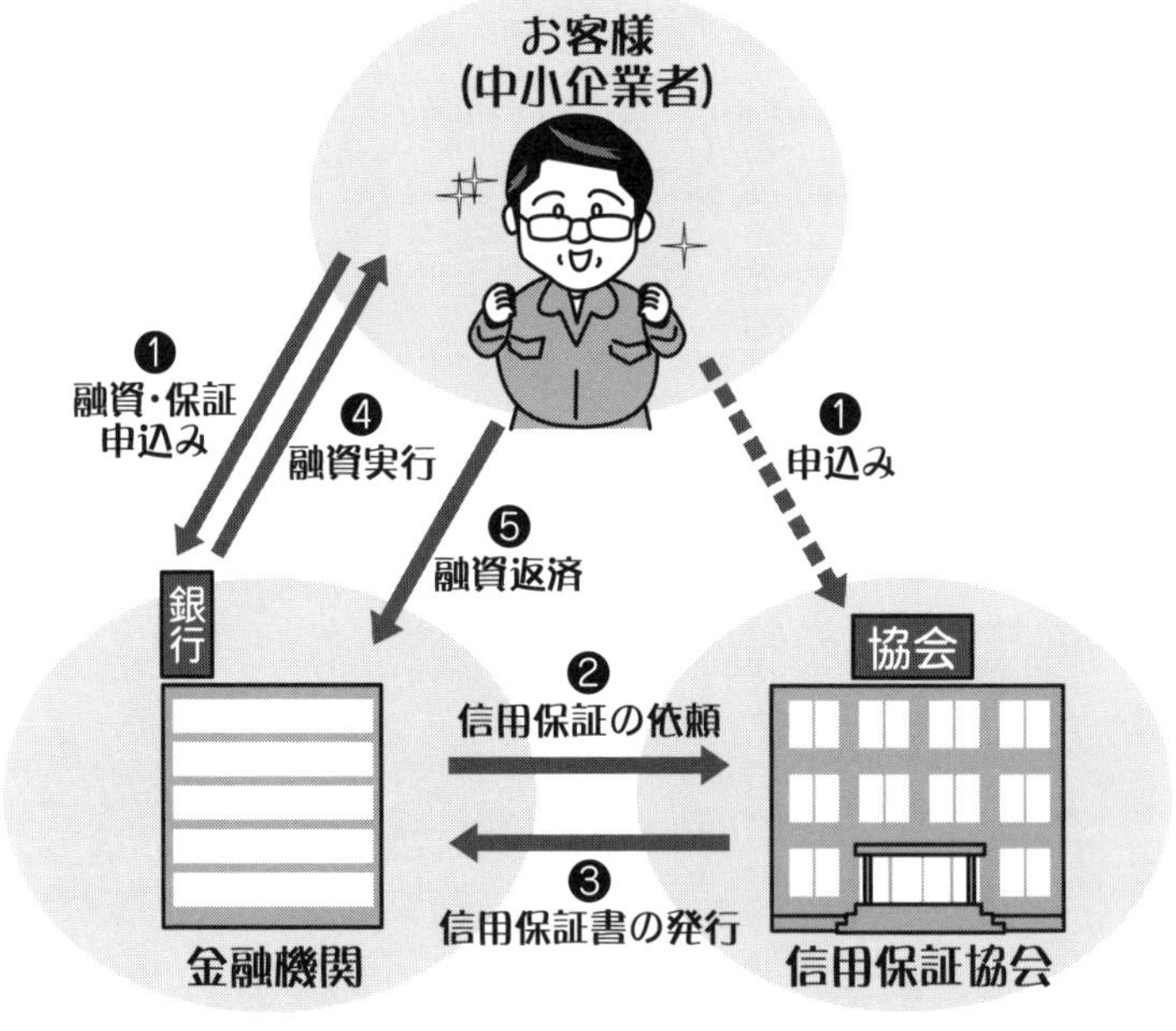

マル保融資は中小企業者、信用保証協会、金融機関の３者で成り立っています。申込みから融資実行・返済までの流れは、右のとおりです（P.108図表）。

①お客様が金融機関の窓口に融資の申込みと同時に保証の申込みを行う（直接信用保証協会に申し込む方法や商工会議所などの申込受付機関を通じて申し込む方法もある）。

②金融機関はお客様からの申込みを受け信用保証協会に信用保証の依頼を行う。

③信用保証協会は中小企業者の信用調査を行い審査のうえ保証の諾否を決める。その結果、信用保証を適当と認めた場合は金融機関に信用保証書を発行する。

④金融機関は信用保証書の交付を受け融資を実行する。お客様には信用保証料を負担してもらう。

⑤お客様は返済条件に基づいて金融機関に融資金を返済する。

マル保融資のポイントは次のとおりです。

①信用保証協会は公的機関のため中小企業者であるお客様の将来性、発展性などの潜在能力を考慮して保証を行う。

②不動産担保がなくても売掛債権担保や在庫を担保としたものなど、不動産担保に依存しない保証制度がある。

③原則として法人代表者以外の連帯保証人を取り受けない。

④長期（10年、制度によりそれ以上もある）の融資が利用できる。

⑤金融機関のプロパー融資と併用することで多額の融資を受けられる可能性が広がる。

⑥低金利・固定金利の制度融資や一定の枠内で反復利用できる融資などニーズに応じ利用できる。

〈代位弁済の手続き〉

⑦創業時には信用力がなく、金融機関のプロパー融資を受けることが困難なお客様に対しては、創業支援の保証制度が利用できる。

　では、具体的な手続きを見ていきましょう。

　金融機関は融資の入口審査を行い、信用保証協会の保証があれば融資が可能と判断した場合に、お客様から「信用保証委託申込書」を取り受けます。そして金融機関は「信用保証依頼書」を作成し、信用保証協会に提出します。

　申込みや契約書の書式は全国統一です。お客様から取り受ける必要書類については、信用保証委託申込書、信用保証委託契約書、個人情報の取扱いに関する同意書、決算書・確定申告書直近2期分、試算表、許認可証などです。

信用保証協会に必要書類を送付すると審査が始まります。融資申込みの詳しい内容についてヒアリングされた場合には、金融機関としての考え方などを伝えます。審査の結果保証承諾となったら、「信用保証書」が金融機関に送付されます。

「信用保証書」に記載されている条件に従って、融資実行に必要な書類を取り受けます。融資実行の注意点としては、資金使途の確認をしっかりと行うことです。免責（金融機関が信用保証協会から代位弁済を受けられない事態）にならないよう、旧債振替（マル保融資で金融機関のプロパー融資を返済すること）をしないことなどに注意します。

倒産などの事由で、お客様が融資金を返済できなくなった場合は、代位弁済（お客様の代わりに信用保証協会が金融機関に対して融資金残額を支払うこと）手続きとなりますので、次に解説します（**P.110図表**）。

①お客様が融資金を返済できなくなり期限の利益を喪失した場合、金融機関は信用保証協会に対し代位弁済の請求を行う。

②信用保証協会は代位弁済の請求に基づき中小企業者に代わり融資金残額を金融機関に弁済する。

③信用保証協会に求償権（信用保証協会が持つ代位弁済により発生した中小企業者に対しての代位弁済額を元本とする債権）が発生し、お客様に返済を請求する。

④中小企業者は信用保証協会に対して弁済する。

●融資形態と手続き●

6.契約者や保証人に説明・確認することは？

〈第三者保証の例外（信用保証協会の運用基準の援用）〉

①実質的な経営権を有している者、営業許可名義人または経営者本人の配偶者（当該経営者本人とともに当該事業に従事する配偶者に限る）が連帯保証人となる場合

②経営者本人の健康上の理由のため、事業承継予定者が連帯保証人となる場合

③財務内容その他の経営の状況を総合的に判断して、通常考えられる保証のリスク許容額を超える保証依頼がある場合であって、当該事業の協力者や支援者から積極的に連帯保証の申し出があった場合（ただし、協力者等が自発的に連帯保証の申し出を行ったことが客観的に認められる場合に限る）

この場合には
経営者以外の
第三者が
連帯保証人として
認められます

新規融資取引を開始するときには、「銀行取引約定書」を締結します。銀行取引約定書は融資取引の基本となる契約であり、取引条件だけでなく、ここには顧客の義務条項や期限の利益喪失条項が含まれています。

したがって、契約者に対し各条文について説明し、締結後に顧客用の控えを交付します。お客様が契約内容を理解していないと後日の融資取引に問題が生じてくるので、できる限り分かりやすく説明するように心掛ける必要があります。

個別の融資契約締結時には、お客様の金融知識や過去の銀行取引経験などに応じて、融資金額、金利、返済条件などの契約内容について、契約書の写しを交付して、契約書の重要事項について分かりやすく説明します。

融資契約の締結にあたっては、面談者が「契約の相手方が本人であること、借入意思があること」を直接確認して、契約内容の説明を行い了解を得たうえで、契約書に自署・押印を受け、契約締結後には契約書類の顧客控えを交付します。

法人・組合等については、その権限確認を行い、借入れの決定権限を有する代表者を相手方として融資契約を締結します。

担保を取り受ける場合は、債務者だけでなく担保提供者に対しても契約書の写しを交付し、担保提供者の金融知識や過去の銀行取引経験などに応じて、契約内容および重要事項について分かりやすく説明します。

（根）抵当権設定契約時にも、面談者が「契約の相手方が担保提供者本人自身であること、担保

〈金融機関における保証のまとめ〉

①金融機関が保証人と保証契約を締結する際には、連帯保証を取り受ける

②連帯保証人には「催告の抗弁権」「検索の抗弁権」「分別の利益」がない

③「催告の抗弁権」とは、保証人がまず債務者に請求するよう抗弁できる権利のこと

④「検索の抗弁権」とは、保証人がまず債務者の財産に強制執行するよう抗弁できる権利のこと

⑤「分別の利益」とは、１人の保証人は保証人人数の均等割り分を保証するのみといった利益のこと

⑥保証人には３要件（①行為能力・権利能力がある、②保証能力・資力がある、③明確な保証意思がある）を満たす人を取り受ける

⑦保証人には、個人だけでなく法人もなることができる

⑧保証の取り方には、「限定根保証」と「特定債務保証」がある

⑨「限定根保証」は、極度額、元本確定期日を定めて保証

⑩「特定債務保証」は個別の債務のみを保証

⑪「元本確定」とは、根保証契約の極度額がなくなり保証債務が特定されること

提供意思があること」を直接確認し、契約内容の説明を行い了解を得たうえで、面前で本人から契約書に自署・押印を受け、担保物件の受入れを行い、契約成立後に契約書類の顧客控えを交付します。

個人保証については、金融庁が平成23年7月14日に発表した「主要行等向けの総合的な監督指針」および「中小・地域金融機関向けの総合的な監督指針」、「金融検査マニュアル」の一部改正において、経営者以外の第三者による個人連帯保証等の慣行の見直しを行

い、実務が大きく変更されました。

これにより、監督指針では金融機関に経営者以外の第三者の個人連帯保証を求めないことを原則としました。そしてその例外が認められる場合として、信用保証協会の運用基準を援用しています（P.112図表）。

また、金融機関が経営者以外の第三者との間で個人連帯保証契約を締結する場合には、契約者本人の経営への関与の度合いに留意し、原則として、経営に実質的に関与していない場合であっても、保証債務を履行せざるを得ない事態に至る可能性があることについての特段の説明を行い、併せて保証人から説明を受けた旨の確認を行うことになりました。

さらに、契約者本人が経営に実質的に関与していないにもかかわらず、自発的に連帯保証契約の申し出を行った場合には、金融機関から特段の説明を受けたうえで、契約者本人が自発的な意思に基づき申し出を行った旨が記載され、自署・押印された書面の提出を受けることにより、当該契約について金融機関から要求されたものではないことを確認する必要が生じました。

保証契約時には、面談者が「契約の相手方が保証人本人であること、保証意思があること」を直接確認し、保証内容の説明を行い了解を得たうえで、面前で本人から保証約定書に自署・押印を受け、契約締結後に各保証人に対して保証約定書の写しを交付します。

保証内容は相手が納得するように分かりやすく説明し、十分理解してもらいます。説明は保証契約の形式的な内容だけではなく、保証債務を履行せざるを得ない最悪のシナリオを想定した説明を行うことが必要です。

●その他●

1. 融資条件の交渉が必要になったら？

〈融資条件の交渉ポイント〉

・取引先の要望を聞いたうえで金融機関の考え方を説明する

・条件は１つだけでなく代替案も用意して交渉に臨む

・取引先との間で回答をもらう期限を必ず決めておくことも大切

融資の検討にあたっては、少なからず取引先と融資条件を交渉する必要性が出てきます。条件交渉のない融資は皆無といってもいいでしょう。

例えば利率です。金融機関としては高い方がよいに決まっていますし、取引先側は低い方を望むでしょう。ここで双方の利害が対立するわけです。そのほか、利率以外の条件交渉事項としては融資金額、保全、融資期間などが主なものです。

これらの交渉においては、金融機関側の条件を一方的に押しつけたのではまとまりません。取引先の要望もよく聞いたうえで、金融機関の考え方を丁寧に説明することが大切です。

ただし条件交渉を行ったとしても、必ずしも取引先の納得が得られるとは限りません。このような場合には次なる交渉も必要になってきます。つまり、条件交渉においては1つだけの条件でなく、他の代替案も用意して交渉に臨むことが必要なのです。

例えば、保全面において金融機関は担保を取りたいが、取引先は無担保扱いを強く希望しているとします。交渉しても応諾が得られない場合、直接的な担保の提供ではなく自行の口座を売上入金口座として指定してもらう、代金取立手形を持ち込んでもらうなど、代替案を提示して取引先の同意を得るわけです。

条件交渉にあたり、もう1つ大切なことがあります。それは交渉の期限を決めておくことです。だらだらとした交渉は、決して良い結果をもたらしません。こちらの条件提示に対して、取引先に一定期間検討をお願いすることになりますが、回答をもらう期限はきちんと決めておきましょう。そうしないと、いたずらに時間が経過してしまうだけです。

●その他●

2.融資を謝絶することになったら？

〈融資謝絶時の対応ポイント〉

・謝絶する際はなるべく早く取引先に伝える

・謝絶理由についてできるだけ具体的に説明する

・上司に同席を依頼するなど複数で対応することも必要

取引先からの融資申込みを謝絶するときには、注意すべきポイントがいくつかあります。

①謝絶を見据えた対応をとる

融資は稟議手続きを経てその可否が決定されます。つまり、可否は「最後まで分からない」ということです。したがって、申込みを受けた際に「大丈夫ですよ」などと安易に対応し、取引先に過度の期待を抱かせることは、厳に慎むべきです。「謝絶もありうる」ということを念頭に置いて対応し、緊張感を持ってもらうことも大切です。

②なるべく早く謝絶する

謝絶方針が決まったら、なるべく早く先方に伝えます。申込みをした取引先は、融資を期待し資金繰りに組み込んでいる可能性があります。早く謝絶を伝え、資金繰りの見直しや他の資金調達を図ってもらう必要があります。回答が遅れれば資金繰り破綻を招くおそれもあります。

③謝絶理由を明確に説明する

融資の謝絶理由は様々ですが、取引先の今後のためにも可能な範囲で具体的に理由を説明します。総合的判断の場合や、審査手法に関することは話せませんが、例えば財務上の問題で謝絶する場合は具体的に問題点を指摘し、今後の経営改善に役立ててもらいます。

④ケース次第では複数で対応

資金繰りが逼迫《ひっぱく》していたり、申込みから日数が相当経過している場合には、担当者単独で謝絶することはトラブルを招いたり、取引先に追い込まれたりすることも考えられます。このような場合は、上司にも同席を依頼するなど複数で臨む必要もあります。

●その他●

3. 融資実行後は どんなことをすればいい？

〈口座移動明細〉

日　付	金　額	入払区分	残　高	摘　要
			18,703,615	繰　越
○○ .9.15	5,010,000	入 金	23,713,615	現 金 0000000000
○○ .9.16	750,000	出 金	22,963,615	現 金 0000000000 ○×キンゾク(カ
	980,460	入 金	23,944,075	振 込 0010200658 カ）ＭＭホテル
	4,370,000	入 金	28,314,075	振 込 0005030216 ミナミサービス(カ
	32,000,000	入 金	60,314,075	融 資
○○ .9.22	124,685	出 金	60,189,390	振 替 約束手形 0031218 0000000000
	37,553	出 金	60,151,837	交 換 約束手形 0031240 0000000000
	1,257,841	入 金	61,409,678	振 込 0254054464 カ）ＡＢＣジムキ
○○ .9.26	75,803	入 金	61,485,481	振 込 0019353052 イ）○○クリニック
○○ .9.30	31,802,530	出 金	29,682,951	振 込 0030210387 カ）トウザイショウジ

融資の仕事は、ただお金を貸すだけではありません。融資の実行はスタートであり、最後に融資金の返済を受けることで仕事が完結します。とかく融資の実行に目を奪われがちですが、実行後の対応も重要であることを忘れないようにします。

では融資を実行した後には、どんなことをすればよいのでしょうか。ポイントは次の2つです。

①資金使途の管理

融資金は、使途どおりに使われて初めて返済原資が生み出されます。したがって、その行方を管理することはとても大切です。ここでは、資金使途として最も多い運転資金と設備資金の使途管理の方法について解説します。

まずは運転資金の場合です。運転資金というのは非常に幅広い資金使途のため、その管理が極めて難しいという特徴があります。つまり、運転資金は仕入資金、人件費、家賃、光熱費、交通費など、多種多様な使途をカバーしているため、具体的に何に使用されたのかを金融機関が把握しづらいのです。

運転資金の使途管理の基本は、取引先の「口座移動明細」を確認することです（P.120図表）。中でも口座移動の出金明細をよく確認してください。出金明細を確認し、仕入先と考えられる先への振込や給与振込、公共料金の引落しなどが行われていれば、融資金は使途どおりに使用されたとほぼ考えることができます。

しかし、仕入先とは考えられない先や、代表者の個人口座に振込が行われている場合には、貸付金など運転資金以外の使途に流用されている可能性があります。

〈振込明細票〉

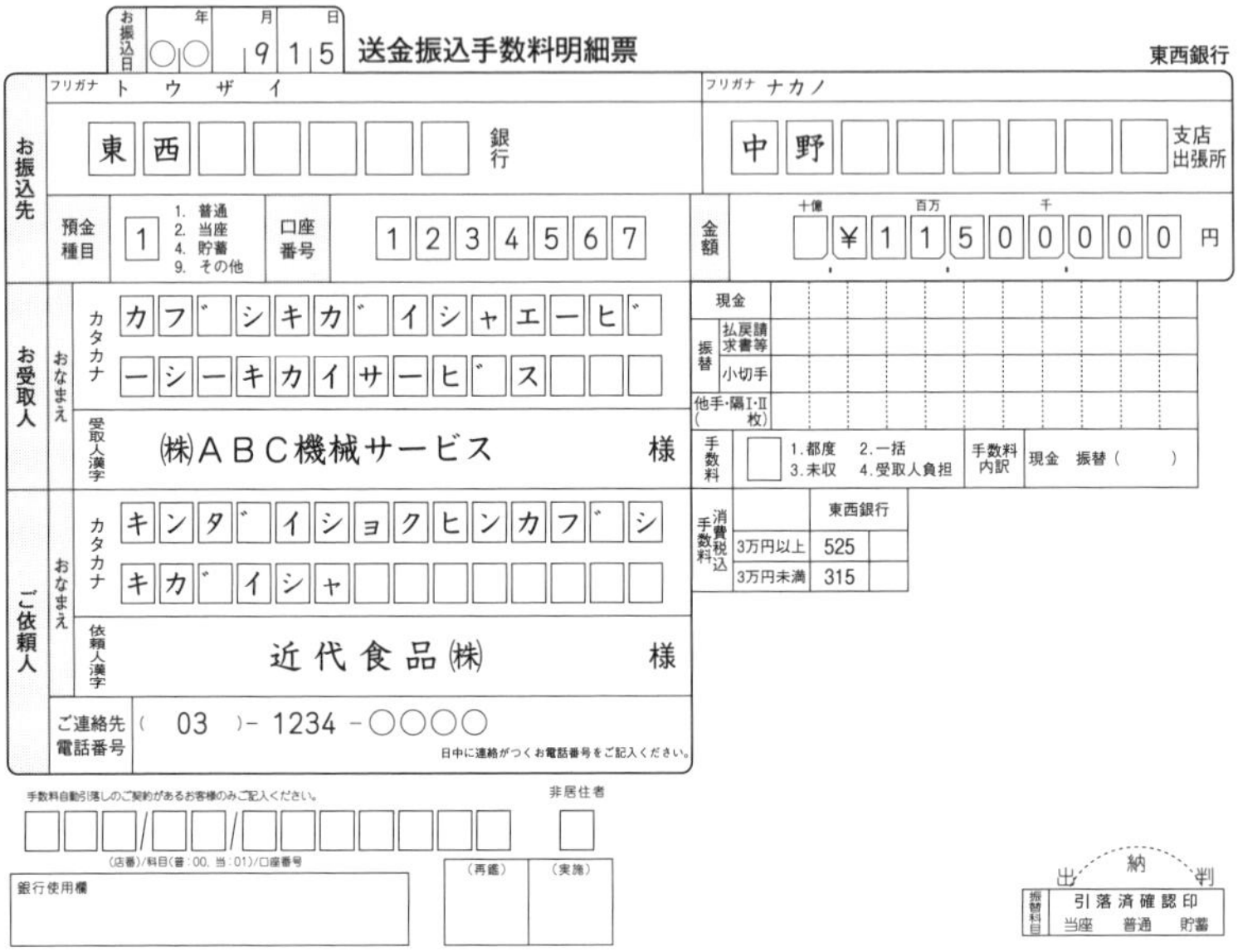
お振込日 ○○年 9月 15日

送金振込手数料明細票　東西銀行

お振込先
フリガナ トウザイ
東西 銀行
フリガナ ナカノ
中野 支店・出張所
預金種目 1（1. 普通 2. 当座 4. 貯蓄 9. その他）
口座番号 1234567
金額 ¥11500000 円

お受取人
おなまえ カタカナ カブシキガイシャエービーシーキカイサービス
受取人漢字 ㈱ＡＢＣ機械サービス 様

ご依頼人
おなまえ カタカナ キンダイショクヒンカブシキガイシャ
依頼人漢字 近代食品㈱ 様

ご連絡先電話番号 （03）－1234－○○○○
日中に連絡がつくお電話番号をご記入ください。

現金
振替 払戻請求書等 / 小切手
他手・隔Ⅰ・Ⅱ（ 枚）
手数料 1.都度 2.一括 3.未収 4.受取人負担
手数料内訳 現金 振替（ ）

手数料 消費税込	東西銀行
3万円以上	525
3万円未満	315

手数料自動引落しのご契約があるお客様のみご記入ください。
（店番）/科目（普：00、当：01）/口座番号
非居住者
銀行使用欄
（再鑑）（実施）
出納印
振替科目 引落済確認印 当座 普通 貯蓄

また、事後的な確認方法とはなりますが、融資実行後の最初に到来する決算書をよく見てください。具体的には、資金運用表などの財務分析資料を見ることで、実質的な融資金の使途を見抜くことができます。

次は設備資金です。設備資金の使途管理は、運転資金に比べれば簡単です。稟議の際に取り受けた見積書や請求書などに記載されている業者等へ、きちんと支払いがなされているか、「振込明細票」（**P.122図表**）や領収書を確認することで、使途を管理することができ

ます。

特に信用保証協会の保証付融資の場合には、設備資金の使途管理はとても重要です。万が一使途違反が見つかった場合には、信用保証協会による代位弁済否認にもつながるおそれがあります。

このようなことがないよう事前に取引先から振込伝票を預かり、融資実行と同時に代金を振り込むなど細心の注意が必要です。

②業績管理

融資の返済原資は、融資実行後の取引先の営業収入や利益です。

融資実行後に取引先の業績が悪化すれば、返済原資が十分に確保されず、返済が滞ることにもなりかねません。

したがって、融資実行後も定期的に取引先とコンタクトを取り、業績は順調なのか悪化していないかなどを管理していく必要があります。これらの管理を続けることで、例えば業績低迷で危険信号をキャッチした場合には、保全の強化に向けた対応を取ることができます。

業績管理の基本は毎年の決算書の取受けです。決算書分析により、融資実行後の業績動向を客観的に把握します。ただ、決算書の取受けは通常1年に1回ですから、業績管理を決算書だけに頼っていると変動を速やかに把握することが難しくなります。

ではどうすればよいのか？　それは定期的に取引先とコンタクトを取ることです。事務所を訪問し、日ごろの様子と違う点はないか、経営者の表情はどうかなどをウォッチすることで、経営状況の変化をタイムリーにキャッチします。

●その他●

4. 書類などのもらい忘れを防ぐには？

〈必要書類のチェックリスト〉

書　類　名	要　否	受取日
銀行取引約定書	要・否	
印鑑届	要・否	
金銭消費貸借契約証書	要・否	
手形	要・否	
保証書	要・否	
登記事項証明書（登記簿謄本）	要・否	
印鑑証明書	要・否	
⋮	要・否	

融資実行には、取引先から複数の書類の取受けが必要です。書類が不備のまま実行すると、取引先が返済不能に陥った場合、債権者としての権利行使に重大な支障が生じることがあります。

また、書類の提出を何度も依頼するようでは、「今度の担当者は大丈夫か？」などと、取引先に不信感を抱かせてしまいます。こうしたことのないように、書類の取受けは一度で済ませなければなりません。

では、どうすればもらい忘れを防ぐことができるのでしょうか。そのポイントは、書類取受けの都度チェックリストにより必要書類を確認することです。

融資実務に慣れてくると、ついつい基本を忘れ頭の中だけで書類を確認しがちですが、こうした慣れがもらい忘れを招きます。融資の書類には、どんな場合でも取り受ける「共通書類」と、融資形態などに応じて取り受ける「個別書類」があります。

さらに不動産担保の入手が絡んでくると、必要書類は多岐にわたります。制度改定などで書類の形式が更新されることも少なくありません。これらをすべて頭の中で整理することは、容易ではありません。

まずは必要書類のチェックリストを作成し、一つひとつ確認しながら準備しましょう。どれだけ忙しくても、このチェックだけは必ず励行します。

もちろん、1つでも書類のもらい忘れがあれば融資は実行できず、取引先に再度提出をお願いすることになります。まさに「急がば回れ」です。自分1人で不安な場合には、同僚や先輩、上司に確認してもらうなど、事前準備を怠らないように心がけましょう。

コンプラ Column ②

取引先の秘密を漏らすべからず

金融機関は、預金や融資などの取引を通じて顧客情報（法人・個人情報）を多く保有しています。その中には、財務状況や家計情報、重要な内部情報も含まれていることがあります。

行職員には「守秘義務」といって、職務上知り得た情報と漏らしてはいけない義務があります。この守秘義務の根拠としては、契約説、信義則説、商慣習説など様々な説がありますが、どれも守秘義務が法的義務であることに変わりはありません。そのため、金融機関が秘密を漏らした場合、債務不履行または不法行為による賠償責任を負うことになります。

●顧客情報の重要性を認識する

平成17年4月に「個人情報の保護に関する法律（個人情報保護法）」が施行されました。個人情報については、この法律により個人情報取扱事業者に対して安全管理措置を講ずることが義務付けられるとともに、個人情報が漏えいした場合の罰則が強化されています。

個人情報が漏えいした場合には、罰則や行政処分を受けるおそれがあるほか、民事上の損害賠償請求、マスコミ報道等による社会的信用の失墜など、様々な影響が想定されます。これを防止するには、行職員一人ひとりが顧客情報、個人情報の重要性に対する認識を高めなければなりません。

なお、最近ではインターネット経由の情報漏えいにも注意が必要です。メール等で書類の授受を行う際は、テスト送信により事前に送信先が間違いないことを確認し、暗号を施したうえで送信するなど、管理には万全を期す必要があります。

実務習得編

資金使途等の確認書類

書類名	概　要	発行元	掲載頁
事業計画書	事業計画の内容や規模が分かる書類	企業	158
見積書・契約書	資金使途を証明する書類	企業	160
株主総会等の議事録(写)	借入れや担保提供に対して決議がとれているかを確認する書類	企業	―

担保・保証関係の書類

書類名	概　要	発行元	掲載頁
登記事項証明書(不動産)	不動産の履歴や現況を見る書類	法務局	―
公図	土地の地形や位置、道路接面状況を見る書類	法務局	―
建物図面	建物の位置や形を見る書類	法務局	―
地積測量図	土地の地形や面積を見る書類	法務局	―
現地案内図	物件所在地の参考書類	―	―
保証人の明細	保証人の経歴や財産状況を確認する書類	―	―

契約時の書類

書類名	概　要	発行元	掲載頁
銀行取引約定書	融資契約における基本事項を定めた書類	金融機関	162
約束手形	手形貸付に用いる書類	金融機関	164
金銭消費貸借契約証書	証書貸付に用いる契約書類	金融機関	166
保証約定書	保証人との約束を定めた書類	金融機関	168
抵当権設定契約証書	担保に関する約束を定めた書類	金融機関	170

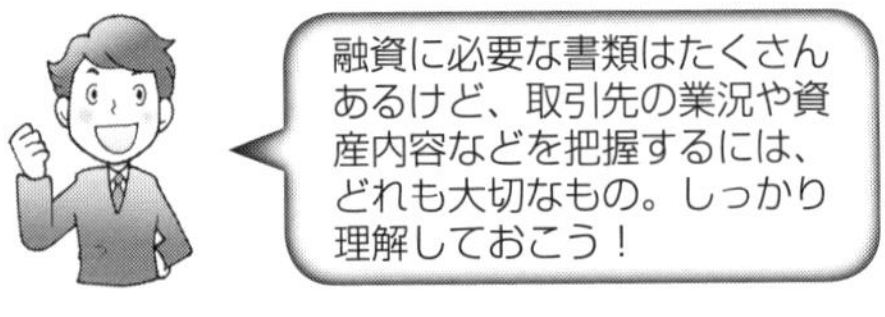
融資に必要な書類はたくさんあるけど、取引先の業況や資産内容などを把握するには、どれも大切なもの。しっかり理解しておこう！

※この一覧は一般的な必要書類を示したものです。金融機関により必要書類は異なるため、実務上は自行の規程等に従ってください。

新規取引に必要な書類一覧

ここでは、融資取引に必要な書類を一覧にまとめました。まず、どんな書類があるのかを理解しましょう。次ページから、それぞれの書類について詳細を解説していきます。

申込受付時の書類

個人事業主の基本書類

書類名	概　要	発行元	掲載頁
印鑑証明書	本人であることを確認する書類	市区町村	130
住民票		市区町村	—
納税証明書	税金の滞納がないかを確認する書類	税務署	132
確定申告書	所得や事業の状況を見る書類	税務署	134
固定資産評価証明書	本人の資産が分かる書類	市区町村	138

法人の基本書類

書類名	概　要	発行元	掲載頁
印鑑証明書	法人本人であることを確認する書類	法務局	—
登記事項証明書(法人)	会社が存在することを確認する書類	法務局	140
定款(写)		企業	142
許認可証(写)	法令上の許認可を受けていることを確認する書類	国 都道府県等	144
経営組織図・役員名簿	会社の構成が分かる書類	企業	146
株主名簿		企業	148
会社案内のパンフレット	事業内容が分かる書類	企業	150
決算書	事業の収益状況や資金繰り、借入れの状況などが分かる書類	企業	154
試算表、資金繰り表		企業	—
金融機関の借入残高表		企業	—
法人税申告書		税務署	152

●サンプルで学ぶ●

申込・契約時に必要な書類の見方

1. 印鑑証明書

印鑑証明書は、その本人が住民登録している市町村などの役所に登録している実印を証明する書類です。したがって、本人が役所へ申請して交付してもらうことになります。そして、不動産を譲渡して登記したり金融機関から借入れをする際、不動産に抵当権を設定するときなど、重要な取引において本人確認のための書類として使われます。

銀行取引約定書などには本人が署名捺印しますが、この捺印は実印で行い印鑑証明書を添付してもらいます。印鑑証明書により本人が間違いなく契約したという形式が整います。保証人が保証約定書に署名捺印した場合も同様です。

印鑑証明書は発行日から3ヵ月以内のものと定められていることが多いため、必ず発行日を確認することが重要です。また、書類に押印された印影と印鑑証明書の印影もよく比較検討します。

✍チェックポイント

□住所・氏名・生年月日は申込書に記載されたものと同一か

□提示日前3ヵ月以内に発行され公印が押されているか

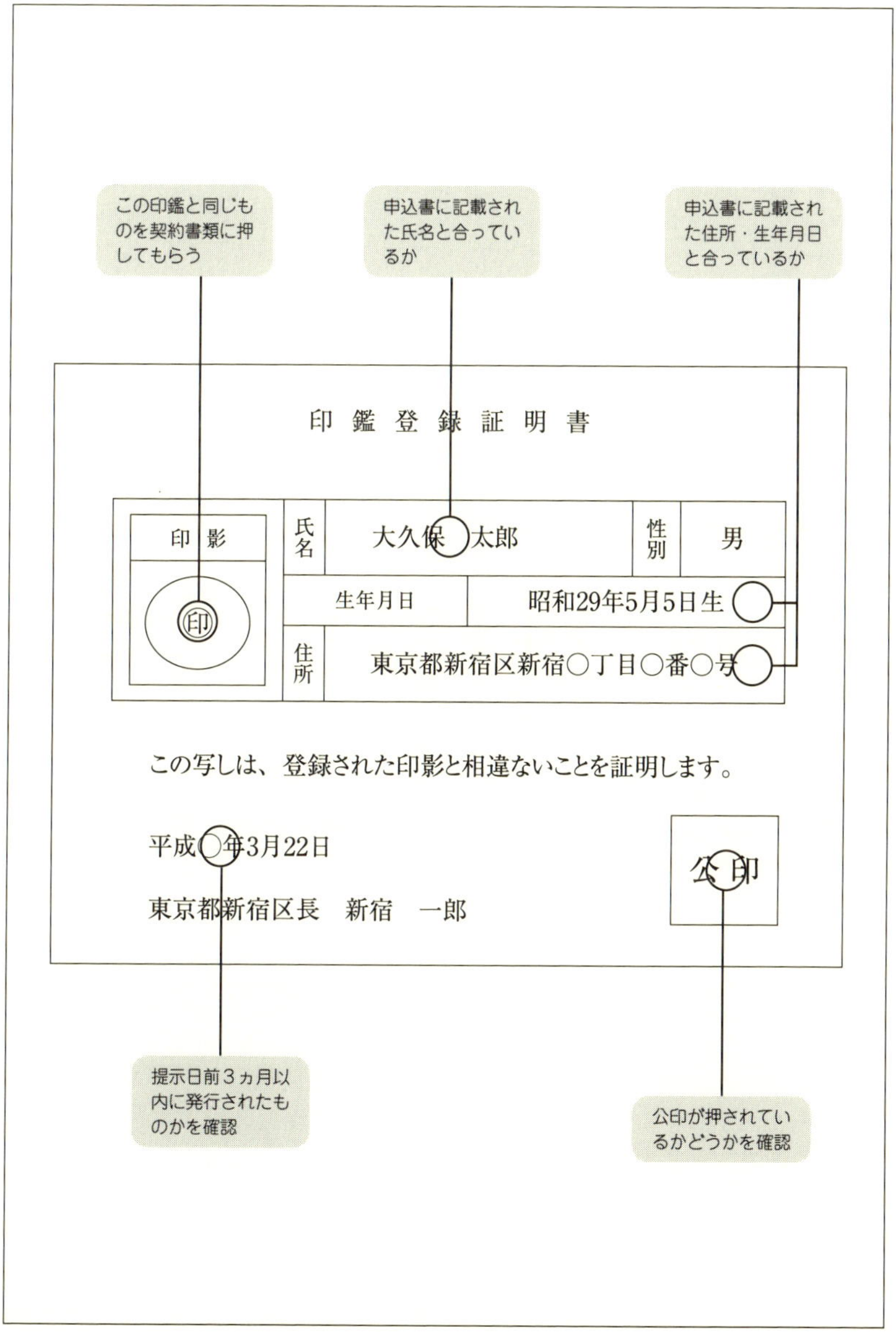
この印鑑と同じものを契約書類に押してもらう
申込書に記載された氏名と合っているか
申込書に記載された住所・生年月日と合っているか
印鑑登録証明書
印影
印
氏名
大久保　太郎
性別
男
生年月日
昭和29年5月5日生
住所
東京都新宿区新宿○丁目○番○号
この写しは、登録された印影と相違ないことを証明します。
平成○年3月22日
東京都新宿区長　新宿　一郎
公印
提示日前３ヵ月以内に発行されたものかを確認
公印が押されているかどうかを確認

2. 納税証明書

事業の実績を公的に証明できるものは、確定申告書と納税証明書になります。確定申告書は事業の成果を税務署に報告しているわけですが、その申告した税金を確かに払っていることを確認するには、納税証明書を見なければなりません。

税金の延滞をしている場合、資金繰りに問題があるおそれが高く、破綻したときなどは税金が他の債権に優先して回収されることになります。したがって、融資実行時には取引先に税金の延滞がないかを必ず確認します。

担保を取り受けているため、回収に余念がないと思っていたら抵当権の設定日よりも納税期限が先で、その結果、債権回収ができなかったという事例もあります。

また、現在は納税状況に問題なくても過去に延滞がある場合、なぜ延滞していたのか、完納に至るまでの経緯などを調べる必要があります。なぜなら、融資を受けるために一時的に納税しているのかもしれないからです。3期分取り受けるのが望ましいでしょう。

✍チェックポイント

□申込者本人の納税証明書に間違いないか
□所得金額が申込書等の金額と異なっていないか
□3期分すべてを確認し税金の未納はないか
□税務署長の公印が押されているか

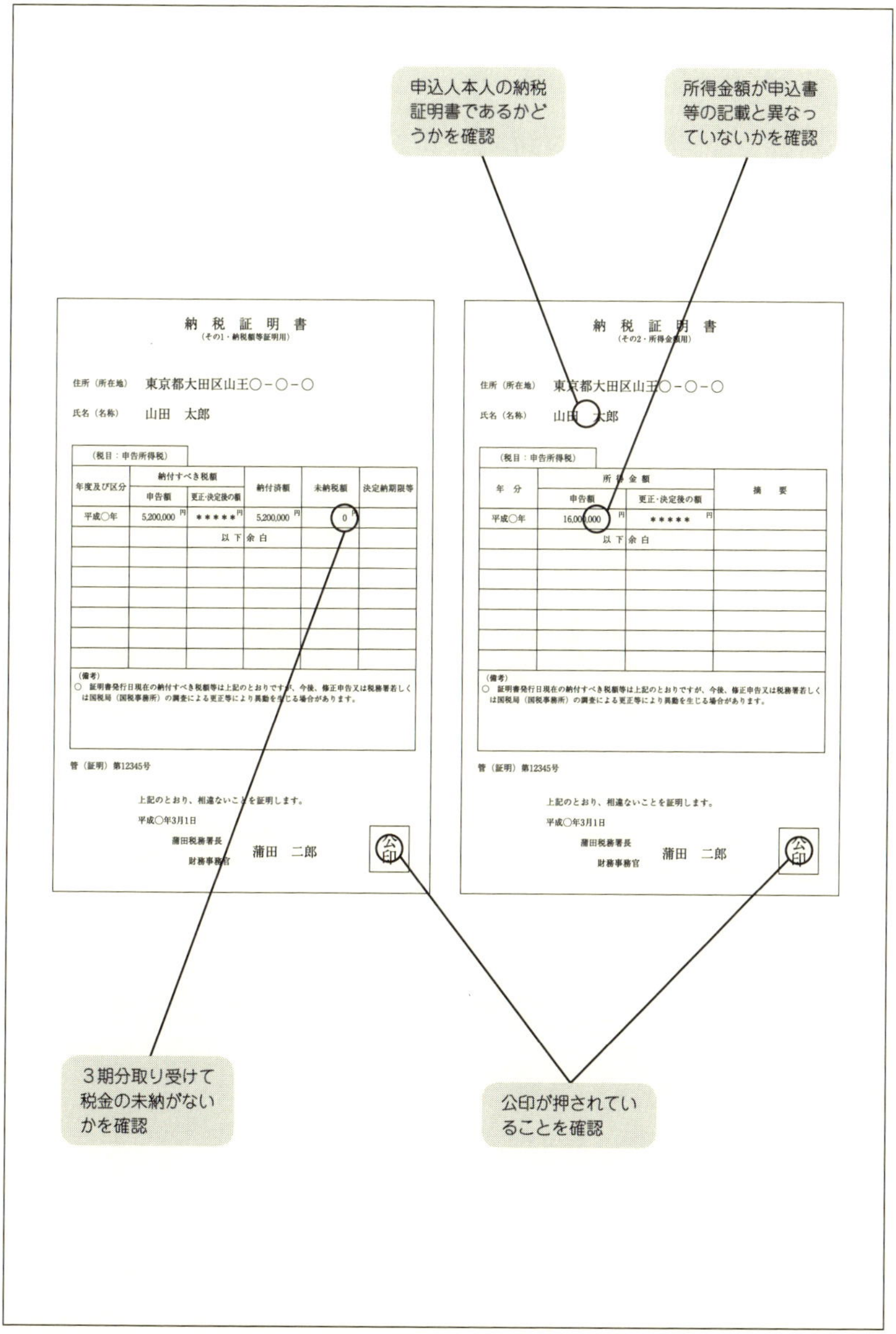

申込人本人の納税証明書であるかどうかを確認
所得金額が申込書等の記載と異なっていないかを確認
納 税 証 明 書
(その1・納税額等証明用)
住所(所在地) 東京都大田区山王○-○-○
氏名(名称) 山田 太郎
(税目:申告所得税)
年度及び区分
納付すべき税額
申告額
更正・決定後の額
納付済額
未納税額
決定納期限等
平成○年 5,200,000円 *****円 5,200,000円 0円
以下余白
(備考)
○ 証明書発行日現在の納付すべき税額等は上記のとおりですが、今後、修正申告又は税務署若しくは国税局(国税事務所)の調査による更正等により異動を生じる場合があります。
管(証明)第12345号
上記のとおり、相違ないことを証明します。
平成○年3月1日
蒲田税務署長
財務事務官 蒲田 二郎
公印
納 税 証 明 書
(その2・所得金額用)
住所(所在地) 東京都大田区山王○-○-○
氏名(名称) 山田 太郎
(税目:申告所得税)
年 分
所得金額
申告額
更正・決定後の額
摘 要
平成○年 16,000,000円 *****円
以下余白
(備考)
○ 証明書発行日現在の納付すべき税額等は上記のとおりですが、今後、修正申告又は税務署若しくは国税局(国税事務所)の調査による更正等により異動を生じる場合があります。
管(証明)第12345号
上記のとおり、相違ないことを証明します。
平成○年3月1日
蒲田税務署長
財務事務官 蒲田 二郎
公印
3期分取り受けて税金の未納がないかを確認
公印が押されていることを確認

3. 確定申告書

確定申告書（以下、申告書という）は一般的に3期分必要ですが、なぜ3期間取り受けるかというと、事業の成長性、安定性、健全性について検証する必要があるからです。ここでは、申告書の中の損益計算書と貸借対照表について解説します。

①損益計算書

売上の水準の推移は、収益力を示すもので重要です。業種によって水準が異なりますので、平均的なものと比較してください。経費（人件費、通信費、地代・家賃、支払金利など）を差し引いた後の金額が経常利益に相当します。個人事業主の場合は、この金額で自分の生活費を賄《まかな》います。「地代家賃」がない場合は、事業所や店舗が自己所有ですので、減価償却費の計上をチェックしましょう。「利子割引料」があれば、他の借入れがあるということです。借入明細を取り受けて年間元金返済額を計算します。

最終所得の前に「専従者給与」を差し引いている場合がありますが、個人商店などで同一世帯の人が受け取る給与の場合、世帯所得は最終所得と合算して考えてよいことも多いでしょう。

✍チェックポイント

□売上は業種により水準が異なるため業界平均などと比較

□利子割引料がある場合は他の借入れがあるため借入明細をチェックする

□差引金額は経費等を差し引いた金額のことで経常利益に相当する

業種により水準が異なるため、業界平均などと比較

同一世帯の人が受け取っている場合は最終所得と合算

〈損益計算書〉

平成 ○ 年分所得税青色申告決算書（一般用）

住所	杉並区高円寺北○－○－○	フリガナ 氏名	杉並一郎 ㊞	依頼税理士等	事務所所在地	
事業所所在地	同上	電話番号	（自宅）XX－XXXX－XXXX （事業所）△△－△△△△－△△△△		氏名（名称）	
業種名	玩具販売業 屋号 杉並模型	加入団体名	○○青色申告会		電話番号	

平成○年 3月 1日

損益計算書（自 1月1日 至12月31日）

科目		金額（円）
売上（収入）金額（雑収入を含む）	①	39280000
売上原価 期首商品（製品）棚卸高	②	3705000
売上原価 仕入金額（製品製造原価）	③	27596000
売上原価 小計（②＋③）	④	31301000
売上原価 期末商品（製品）棚卸高	⑤	3814000
売上原価 差引原価（④－⑤）	⑥	27487000
差引金額（①－⑥）	⑦	11793000
経費 租税公課	⑧	385000
経費 荷造運賃	⑨	
経費 水道光熱費	⑩	224000
経費 旅費交通費	⑪	148000
経費 通信費	⑫	167000
経費 広告宣伝費	⑬	105000
経費 接待交際費	⑭	163000
経費 損害保険料	⑮	105000
経費 修繕費	⑯	259000

科目		金額（円）
経費 消耗品費	⑰	378000
経費 減価償却費	⑱	1507132
経費 福利厚生費	⑲	173000
経費 給料賃金	⑳	2625000
経費 外注工賃	㉑	
経費 利子割引料	㉒	128000
経費 地代家賃	㉓	120000
経費 貸倒金	㉔	
経費	㉕	
経費	㉖	
経費	㉗	
経費	㉘	
経費	㉙	
経費	㉚	
経費 雑費	㉛	48000
経費 計	㉜	6535132
差引金額（⑦－㉜）	㉝	5257868

科目		金額（円）
各種引当金・準備金等 繰戻額等 貸倒引当金	㉞	64460
各種引当金・準備金等 繰戻額等	㉟	
各種引当金・準備金等 繰戻額等	㊱	
各種引当金・準備金等 繰戻額等 計	㊲	64460
各種引当金・準備金等 繰入額等 専従者給与	㊳	1200000
各種引当金・準備金等 繰入額等 貸倒引当金	㊴	74140
各種引当金・準備金等 繰入額等	㊵	
各種引当金・準備金等 繰入額等	㊶	
各種引当金・準備金等 繰入額等 計	㊷	1274140
青色申告特別控除前の所得金額（㉝＋㊲－㊷）	㊸	4048188
青色申告特別控除額	㊹	
所得金額（㊸－㊹）	㊺	4048188

他の借入れがある場合は借入明細をチェックする

経費等を引いた後の金額で、経常利益に相当する

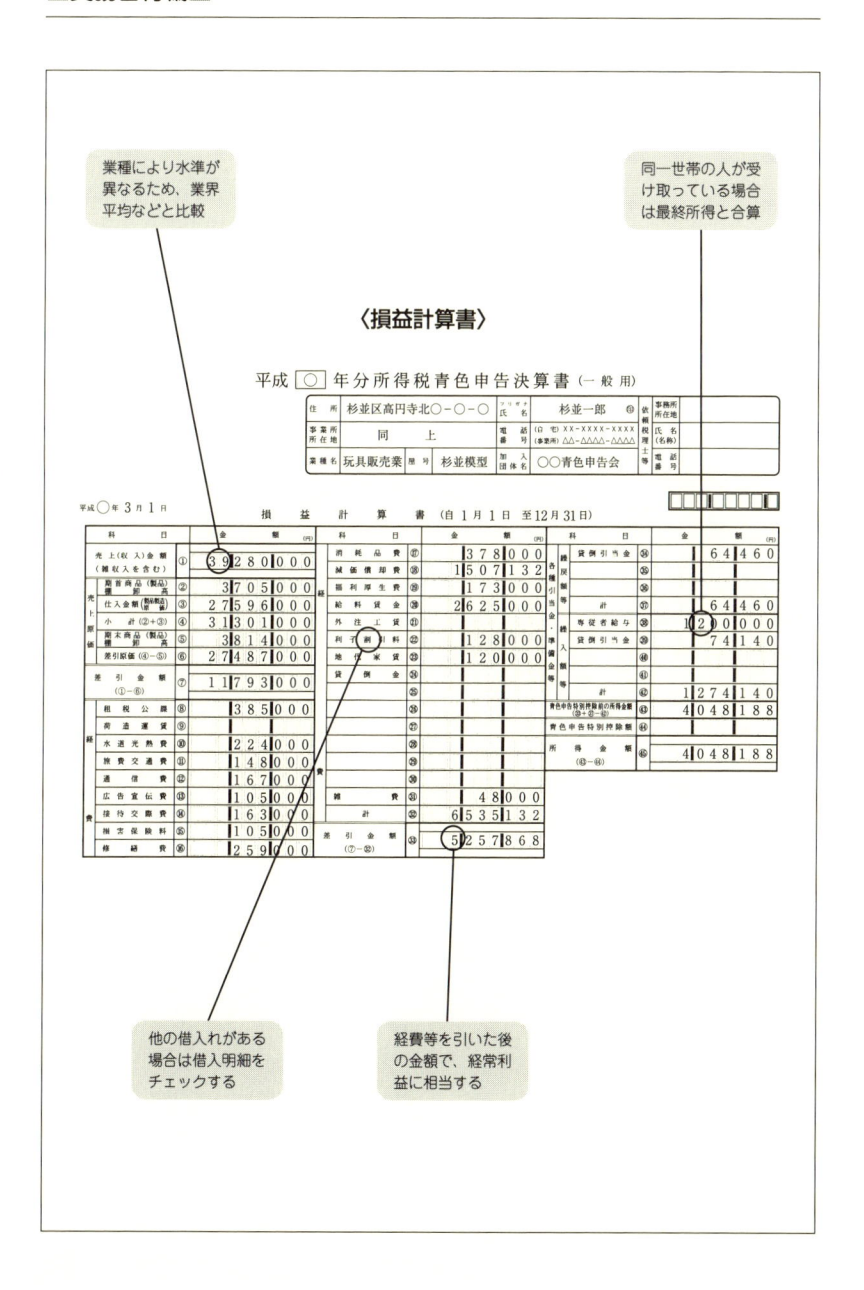

②貸借対照表

申告書では勘定科目は左側に「資産の部」、右側に「負債・資本の部」となっていますが、期首と期末が2列になっており、比較できるようになっています。

資産の部の受取手形、売掛金を売上債権といい、負債の部の支払手形・買掛金を仕入債務といいます。これらは、モノを製造・販売したりするような事業では必ず発生するものです。

運転資金については「(売上債権＋棚卸資産)－仕入債務＝所要運転資金」という式が成り立ち、売掛・買掛期間の長さなどによって所要額が増減します。運転資金の申込みがあった場合は、こうした項目から妥当性を判断します。

ちなみに、法人の貸借対照表では見かけない「元入金」という項目がありますが、これは、個人事業主が開業資金を記入する科目であり、法人でいう資本金にあたります。

✍チェックポイント

□期首と期末の数字が載っている場合は比較して変化を確認する

□売上債権と棚卸資産と仕入債務から運転資金所要額を算出する

□元入金とは個人事業主が開業資金を記入する科目で法人でいう資本金

期首・期末の変化を比較することができる

〈賃借対照表〉

貸　借　対　照　表　（資産負債調）

（平成○年12月31日現在）

資産の部			負債・資本の部		
科目	1月1日（期首）	12月31日（期末）	科目	1月1日（期首）	12月31日（期末）
現金	292,300円	372,772円	支払手形	円	円
当座預金	576,000	1,183,000	買掛金	1,672,000	2,034,000
定期預金	1,463,400	1,824,500	借入金	2,283,000	2,290,000
その他の預金	98,000	133,000	未払金	238,000	246,000
受取手形			前受金		
売掛金	1,172,000	1,348,000	預り金	3,080	24,202
有価証券					
棚卸資産	3,705,000	3,814,000			
前払金					
貸付金					
建物	4,882,200	5,224,600			
建物附属設備					
機械装置					
車両運搬具	25,000	20,000	貸倒引当金	64,460	74,140
工具 器具 備品	118,125	523,593			
土地					
繰延資産	150,000	100,000			
			事業主借		541,450
			元入金	8,221,485	8,221,485
事業主貸		2,936,000	青色申告特別控除前の所得金額		4,048,188
合計	12,482,025	17,479,465	合計	12,482,025	17,479,465

製造原価の計算

（原価計算を行っていない人は、記入する必要はありません。）

科目			金額
原材料費	期首原材料棚卸高	①	円
	原材料仕入高	②	
	小計（①＋②）	③	
	期末原材料棚卸高	④	
	差引原材料費（③−④）	⑤	
労務費		⑥	
その他の製造経費	外注工賃	⑦	
	電力費	⑧	
	水道光熱費	⑨	
	修繕費	⑩	
	減価償却費	⑪	
		⑫	
		⑬	
		⑭	
		⑮	
		⑯	
		⑰	
		⑱	
		⑲	
	雑費	⑳	
	計	㉑	
総製造費（⑤＋⑥＋㉑）		㉒	
期首半製品・仕掛品棚卸高		㉓	
小計（㉒＋㉓）		㉔	
期末半製品・仕掛品棚卸高		㉕	
製品製造原価（㉔−㉕）		㉖	

これらの科目から運転資金所要額を計算できる

開業資金を記入する科目で、法人の資本金にあたる

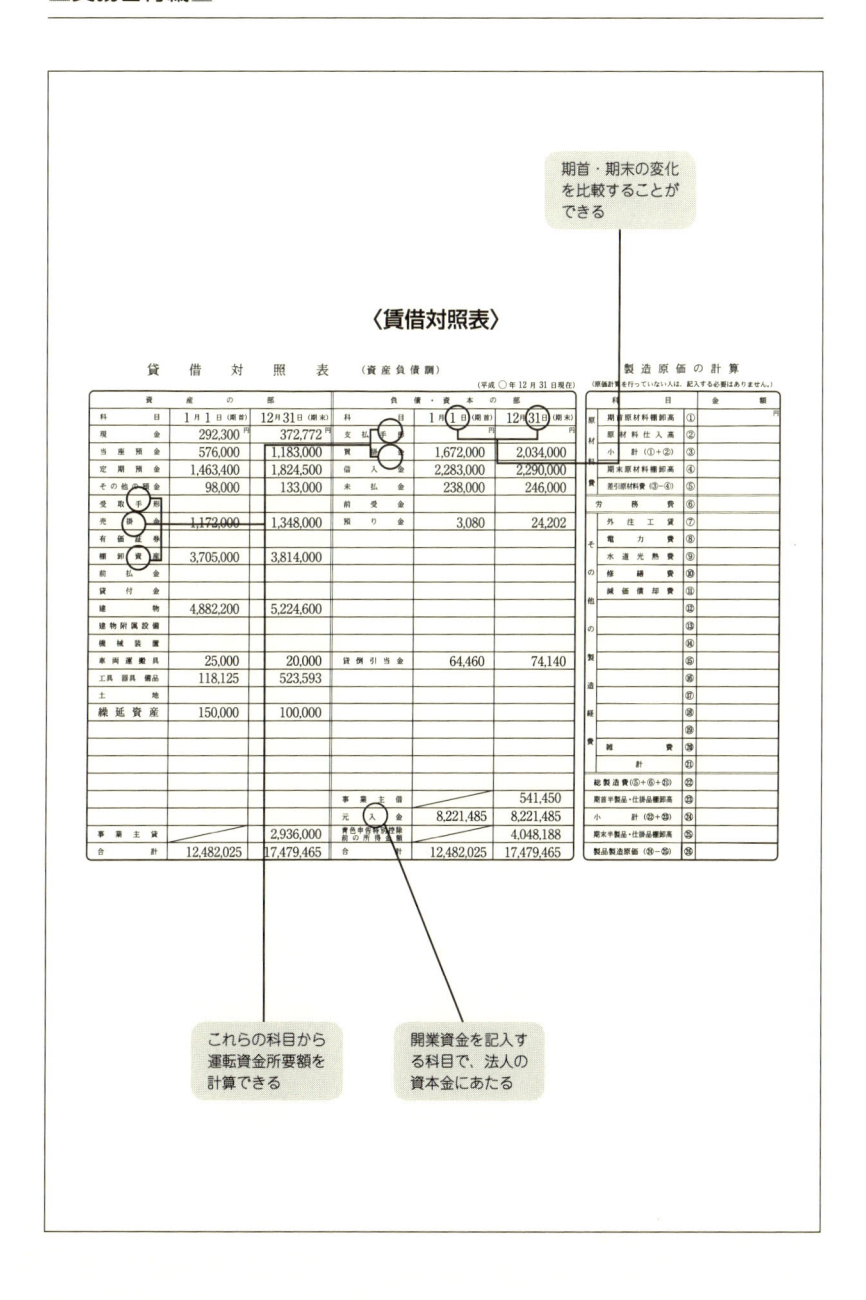

4. 固定資産評価証明書

不動産を所有している人は毎年固定資産税を納めており、所轄の役所に行けば「固定資産評価証明書」をもらうことができます。

固定資産評価額とは、原則3年ごとに1月1日現在で見直される土地と建物の価格のことで、この書類には不動産の所在、登記地目と現況地目、地積、価格（固定資産評価額）等が表示されています。家屋についても家屋番号や用途、建築年次、構造、価格が分かります。

これにより申込人の保有不動産の現況が分かり、大体の評価額がつかめます。もちろん課税価格であり流通価格とは異なるので、本格的に評価するには公図や謄本、建物図面、建築確認済証等を取り寄せ、接道関係や用途地域なども調べなければなりません。

固定資産税の土地評価額は公示価格の7割程度、建物は建築費の5～7割程度といわれます。市街化区域内の物件なら、公示価格が流通価格に近いと判断できますが、市街化調整区域の場合は流通性が低く参考程度でしょう。

✍チェックポイント

□申込者本人の固定資産評価証明書に間違いないか

□当該不動産の地目・地積と同一かを確認したか

□不動産の大体の評価額に問題はないか

□当該書類の最後には公印が押されているか

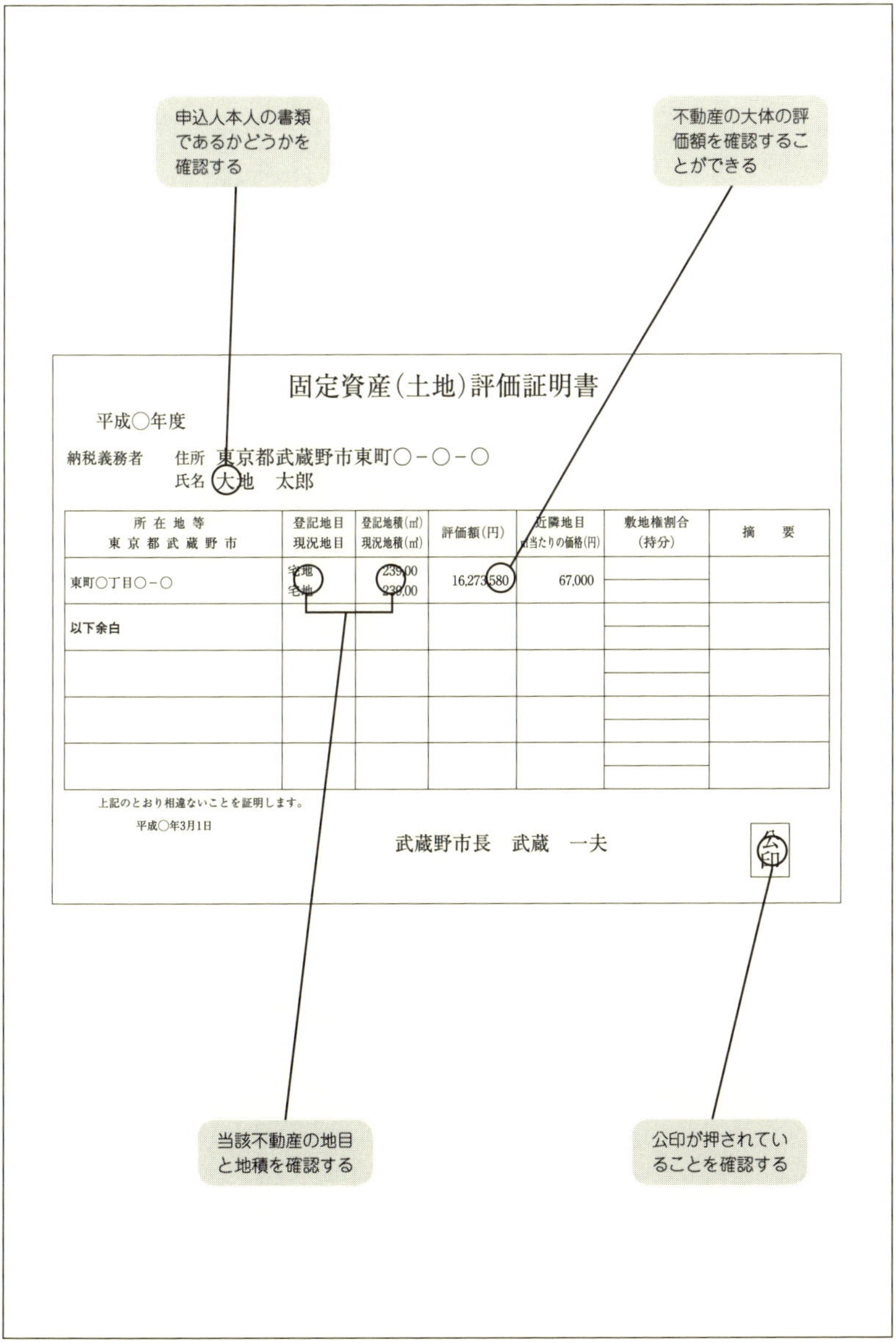

固定資産(土地)評価証明書

平成○年度

納税義務者　住所　東京都武蔵野市東町○－○－○
氏名　大地　太郎

所在地等 東京都武蔵野市	登記地目 現況地目	登記地積(㎡) 現況地積(㎡)	評価額(円)	近隣地目 ㎡当たりの価格(円)	敷地権割合 (持分)	摘要
東町○丁目○－○	宅地 宅地	239.00 239.00	16,273,580	67,000		
以下余白						

上記のとおり相違ないことを証明します。

平成○年3月1日

武蔵野市長　武蔵　一夫　公印

申込人本人の書類であるかどうかを確認する
不動産の大体の評価額を確認することができる
当該不動産の地目と地積を確認する
公印が押されていることを確認する

5. 登記事項証明書

登記事項証明書とは、登記事務をコンピュータにより行っている法務局において発行される、商業登記記録に記録された事項の全部または一部を証明した書面のことで、会社の商号および本店の所在地、会社成立の年月日、役員就任の年月日などを証明したものです。

取引先の法人には様々な種類があります。取引先が法律に基づいて設立され、法人格を有しているかなど法的資格の確認、また取引先の存在、事業目的、代表者などの確認をするためにこの書類を取り受けます。

書類を見る際は、①法人の商号・所在地が実際と一致しているか、②役員構成はどうなっているか（とりわけ代表者がだれであるか）、③会社の事業目的、④会社の経歴や変遷、⑤資本金と会社の規模、⑥会社設立年月日と最終登記日から休眠会社ではないか、をチェックします。

また、実務上、証明書の発行年月日は提示日前3ヵ月以内のものが有効とされているため、その事実についても確認します。

✍チェックポイント

□住所・商号・本店所在地は申込書に記載されたものと同一か
□事業目的にある事業が実際に行われているか
□役員欄の最終登記日から休眠会社ではないか
□提示日前3ヵ月以内に発行され公印が押されているか

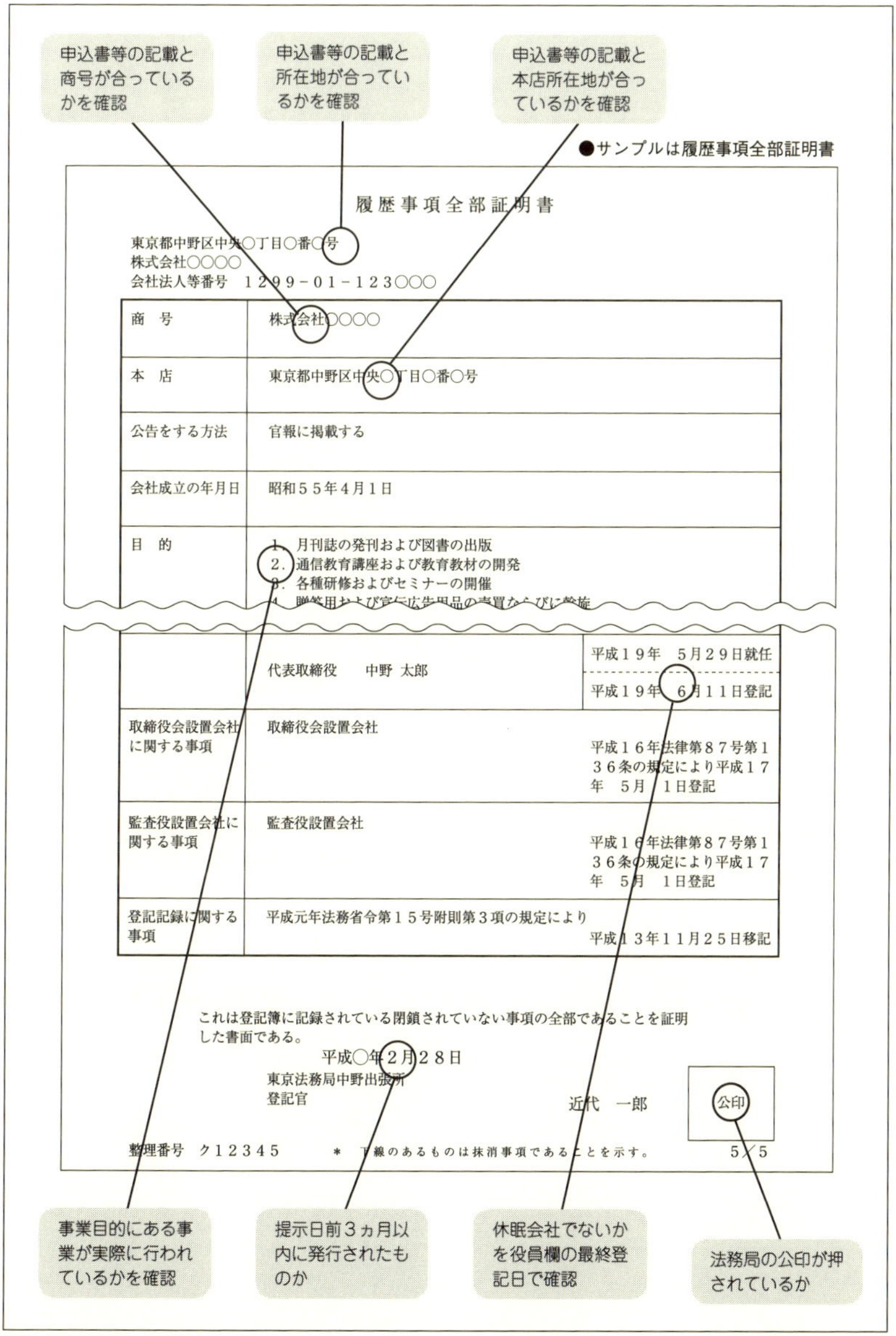

履歴事項全部証明書

東京都中野区中央○丁目○番○号
株式会社○○○○
会社法人等番号　１２９９－０１－１２３○○○

商　号	株式会社○○○○	
本　店	東京都中野区中央○丁目○番○号	
公告をする方法	官報に掲載する	
会社成立の年月日	昭和５５年４月１日	
目　的	1．月刊誌の発刊および図書の出版 2．通信教育講座および教育教材の開発 3．各種研修およびセミナーの開催	
	代表取締役　　中野　太郎	平成１９年　５月２９日就任 平成１９年　６月１１日登記
取締役会設置会社に関する事項	取締役会設置会社	平成１６年法律第８７号第１３６条の規定により平成１７年　５月　１日登記
監査役設置会社に関する事項	監査役設置会社	平成１６年法律第８７号第１３６条の規定により平成１７年　５月　１日登記
登記記録に関する事項	平成元年法務省令第１５号附則第３項の規定により	平成１３年１１月２５日移記

これは登記簿に記録されている閉鎖されていない事項の全部であることを証明した書面である。

平成○年２月２８日
東京法務局中野出張所
登記官　　近代　一郎　　公印

整理番号　ク１２３４５　　＊　下線のあるものは抹消事項であることを示す。　　５／５

申込書等の記載と商号が合っているかを確認
申込書等の記載と所在地が合っているかを確認
申込書等の記載と本店所在地が合っているかを確認
●サンプルは履歴事項全部証明書
事業目的にある事業が実際に行われているかを確認
提示日前３ヵ月以内に発行されたものか
休眠会社でないかを役員欄の最終登記日で確認
法務局の公印が押されているか

6．定款（写）

定款とは会社の組織・活動・構成員・業務執行などについての基本規則を記した書面・記録で、会社の組織活動の根本原則と定義づけられます。会社を作る場合には必ず作成するものです。

定款は登記事項証明書と同様に、取引先が法律上存在しているか、法人格を有しているか、事業目的から借入れがその法人の「目的」の範囲内であるかなどを確認するために、その写しを取り受けます。

定款の写しからは、①商号は実際と一致しているか、②会社の目的は実際の事業内容と一致しているか、③本店の所在地は正しいか、④株式の発行についてその制限などの確認、⑤株主総会、取締役など会社の組織の確認、⑥当初の資本金および発起人と出資状況の確認、⑦役員の状況など様々なことがチェックできます。

法人との取引開始の際には、登記事項証明書と定款の写しはセットで取り受けてよく目を通すようにします。

✍チェックポイント

□商号や会社の目的は実際のものと一致しているか
□借入れは事業の目的の範囲内であるか
□当初の資本金や発起人の出資状況について確認したか
□当該書類の最後に公証人の認証を受けているか

商号は実際と一致しているかを確認

借入れが事業の目的の範囲内であるかを確認する

株式会社○○定款

第１章　総則

（商号）

第１条　当会社は、株式会社○○○○とし、英文では○○ CO. LTDと表示する。

（目的）

第２条　当会社は、次の事業を営むことを目的とする。

1．月刊誌の発刊および図書の出版
2．通信教育講座および教育教材の開発
3．各種研修およびセミナーの開催
4．贈答用および宣伝広告用品の売買ならびに斡旋
5．前各号に付帯する事業

（本店の所在地）

第３条　当会社は、本店を東京都に置く。

（公告方法）

第４条　当会社の公告は、官報に掲載する方法により行う。

以上、株式会社○○を設立するため、この定款を作成し、発起人が次に記名押印する。

平成○○年○月○日

発起人　田 中 一 郎　㊞

認証登簿平成○○年第50号

この定款の発起人田中一郎の代理人山田太郎は、本公証人の面前で、発起人が各自の記名押印を自認している旨を陳述した。よってこれを認証する。

平成○○年○月○日本職役場において。

東京都中野区中央○丁目○番○号

東京法務局所属　公証人　近代 二郎 ㊞

発起人については現在の状況や出資状況も確認する

公証人の認証を受けているかを確認する

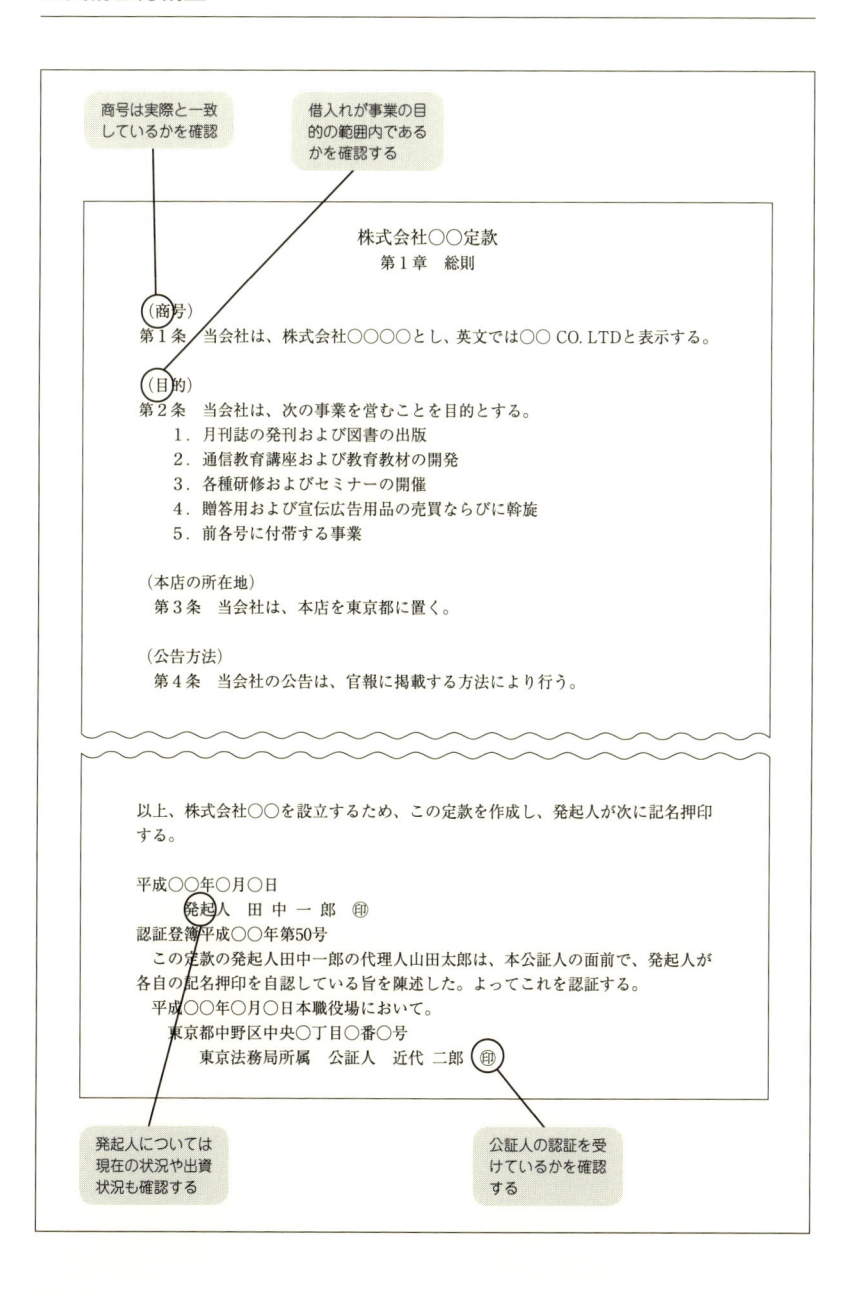

7. 許認可証（写）

許認可を要する業種と融資取引を始める場合は、事業の適法性を確認するために許認可証の写しを取り受けます。代表的な業種は以下のとおりです。

①食品衛生法を根拠法とする食料品製造・販売業、飲食店、喫茶店
②建設業法を根拠法とする建設業
③道路運送法を根拠法とする様々な自動車運送業
④旅館業法を根拠法とする旅館業
⑤古物営業法を根拠法とする古物営業
⑥薬事法を根拠法とする薬局・医薬品販売業
⑦廃棄物の処理および清掃に関する法律を根拠法とする一般廃棄物・産業廃棄物処理業
⑧医療法を根拠法とする病院・診療所・助産所
⑨宅地建物取引業法を根拠法とする宅地建物取引業
⑩酒税法を根拠法とする酒類製造・販売業

✍チェックポイント
□権限ある行政長の許可があるかを確認したか
□許可番号と許可の有効期限について確認したか
□認可された内容についても確認したか

権限ある行政長の許可があるかを確認する

●サンプルは建設業許認可証

平成○年３月１日

株式会社○○様

東京都知事　舛　添　要　一

東京都知事印

一般建設業の許可について（通知）

平成○年 2 月 5 日付けで申請のあった一般建設業については、建設業法第３条第１項の規定により、下記のとおり許可したので、通知する。

記

許可番号	東京都知事　許可（般－２２）第123○○号
許可の有効期間	平成○年　4月15日から平成○年　4月14日まで
建設業の種類	

内装仕上工事業

注）許可の更新申請を行う場合の書類提出期限　：　平成○年　３月１６日
（裏面の注意事項をお読みください。）

許可番号と許可の有効期限について確認する

認可された内容についても確認する

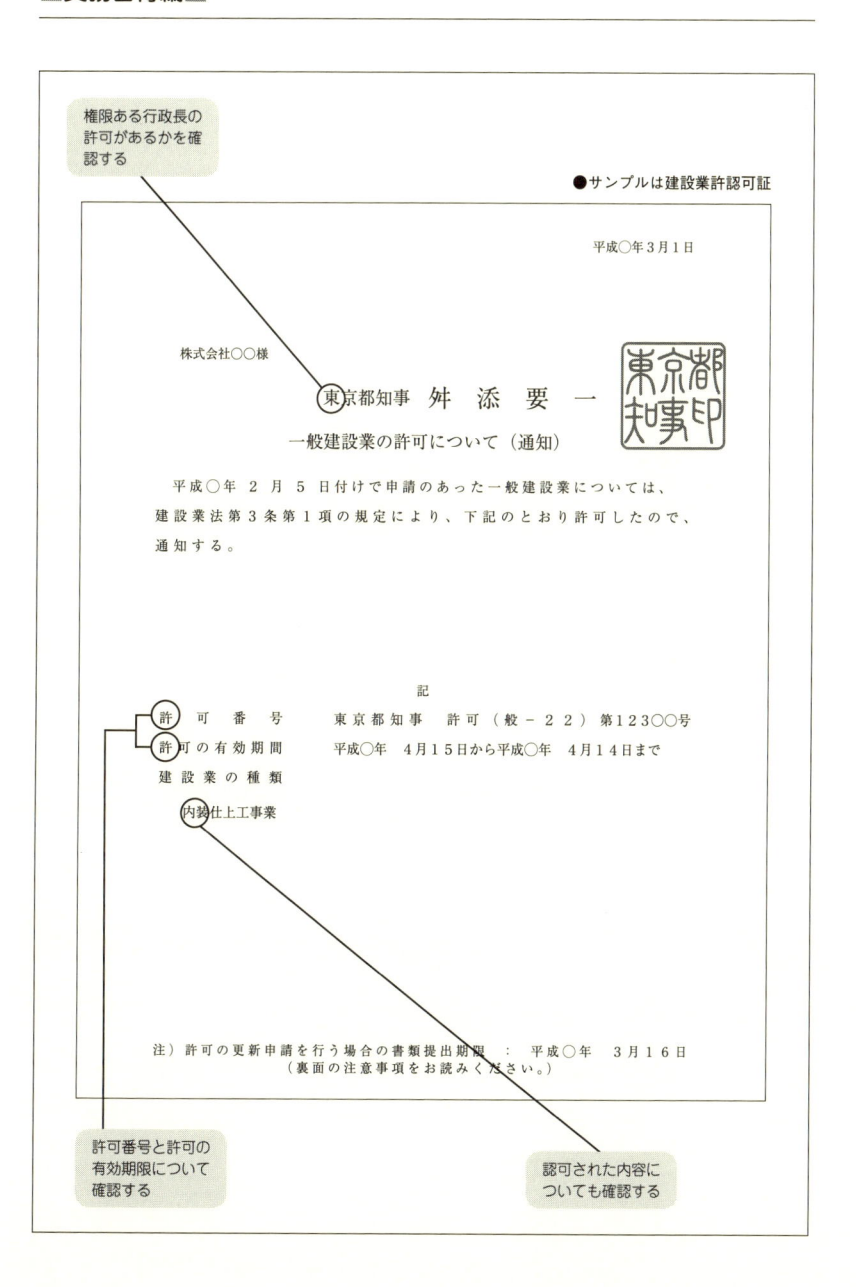

8. 経営組織図・役員名簿

経営組織図とは会社の経営組織を図解したものです。この書類からは企業の経営活動の基本的な部分や業務の流れ、会社の現状など、経営に関する全体像を知ることができます。

書類を見るポイントは、企業の規模に見合った経営組織になっているか、経営組織が時代に合った機動的なものになっているか、効率的な会社運営ができているか、どこにどんな拠点があるかなどで、見方次第では経営情報の宝庫ともいえます。

次に役員名簿とは、会社役員の職務や経歴などが記載された名簿です。この書類からは、どんな人が実際に会社を経営し運営しているかを知ることができます。

書類を見るポイントは、代表権のある役員はだれか、同族関係はどうなっているか、どの役員がどんな業務を担当しているかなどです。例えば力のある役員が担当している業務は何かを見ることにより、会社が現在注力している業務が分かります。このことから、会社の強みについて知ることができます。

✍チェックポイント

□企業の規模に見合った経営組織になっているか
□経営組織は時代に合った機動的なものになっているか
□代表権のある役員は誰で同族関係はどうなっているか
□担当業務を見て会社の注力している業務を確認したか

企業の規模に見合った経営組織になっているか

経営組織が時代に合った機動的なものになっているか

どこに、どんな拠点があるかを確認することもできる

〈経営組織図〉

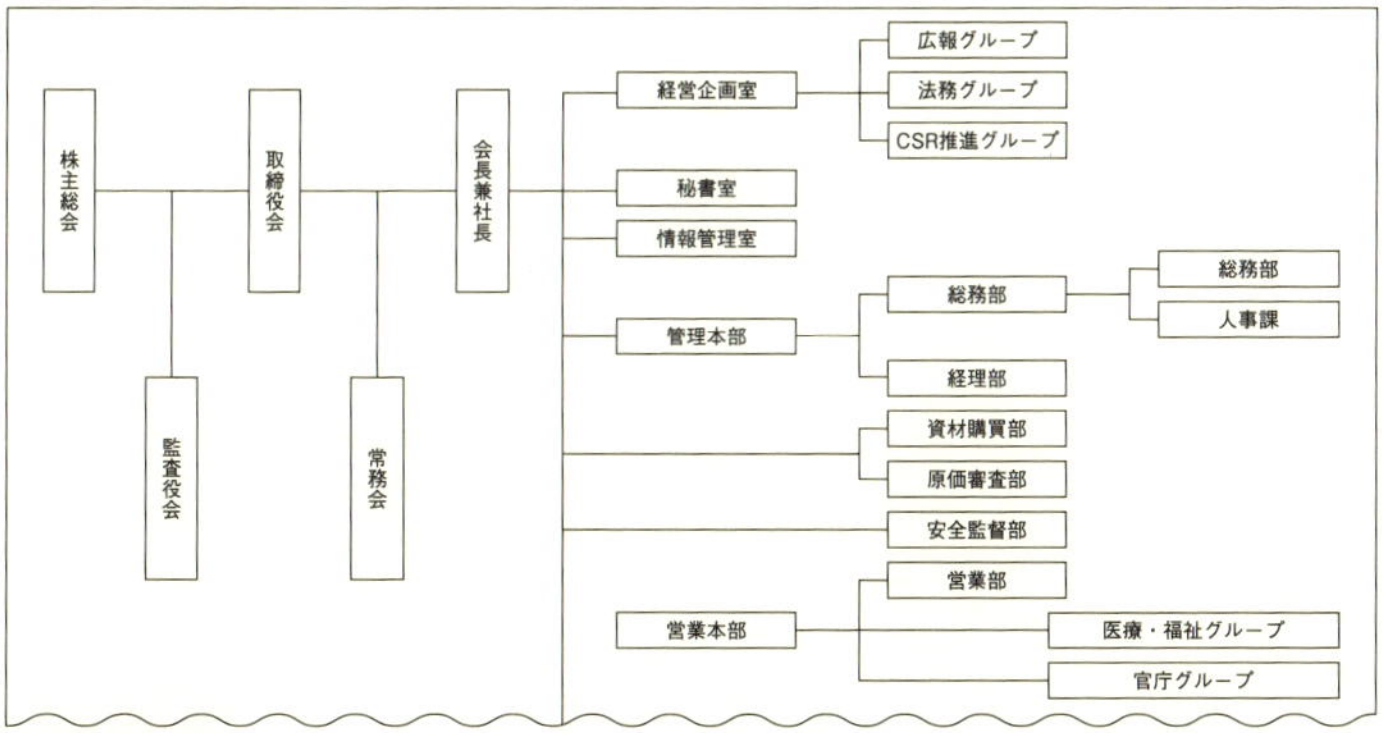

〈役員名簿〉

役　員　職　務　担　当

平成○年４月１日

代表取締役会長兼社長 CEO(最高経営責任者) グループ代表(CEO)	田　中　一　郎	
代表取締役 社長代行執行役員 COO(最高執行責任者)	山　本　三　男（昇任）	土木本部　本部長 環境事業本部　本部長 航空事業本部担当 海外事業本部担当 原価審査部・資材購買部担当 本店　本店長
代表取締役 副社長執行役員 CFO(最高財務責任者)	鈴　木　則　行	管理本部　本部長、航空事業本部　本部長 海外事業本部担当 経営企画室担当、秘書室担当 情報管理室担当 （東京本社、本店駐在）
代表取締役 副社長執行役員 CCO(最高顧客満足責任者)	山　本　二　郎	営業本部　本部長 東京支社　支社長 航空事業本部担当 海外事業本部担当

代表権のある役員はだれか、同族関係を確認

担当業務を見ることで、会社の注力する業務を確認

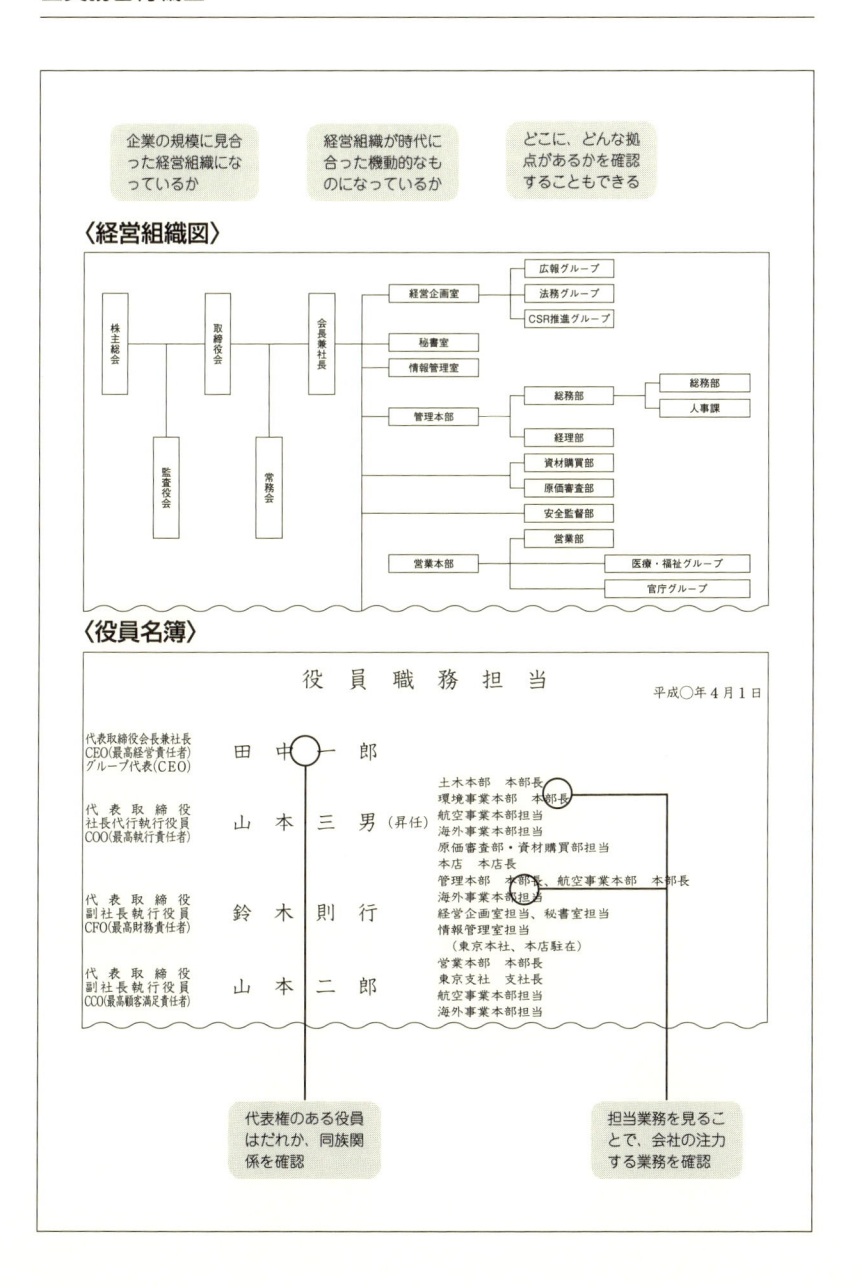

9．株主名簿

株主名簿とは、会社法により作成が義務づけられている書類で、①株主・出資者の氏名（名称）、住所、②株主の有する株式の種類および数、③株式の取得年月日、④株券を発行している場合には、その番号が記載されています。

株式会社には、株主名簿を作成し会社（本店）に備え付ける義務があります。上場企業などの公開会社の場合、株式の売買に伴う株主の変更は名義書換手続きを通じて行われますが、現在では保管振替制度を利用し、株主名簿とは別に実質株主名簿（通常の株主名簿とは別に本来の株主を特定する目的で作成するもう1つの株主名簿）が作成されます。

なお、上場会社の株主名簿は基準日しか作成されないため、期中で新たに株主となった者を株主かどうかを確認する手段がないので注意が必要です。

株主名簿でどんな株主がいるかを見ることにより、会社の構成や系列が分かります。また中小企業においては、だれが会社の実権を握っているか、同族会社かどうかについても確認することができます。

✍チェックポイント

□株主・出資者の氏名・名称について確認したか

□株式の種類・数等について確認したか

□株主から会社の構成や系列もついて確認したか

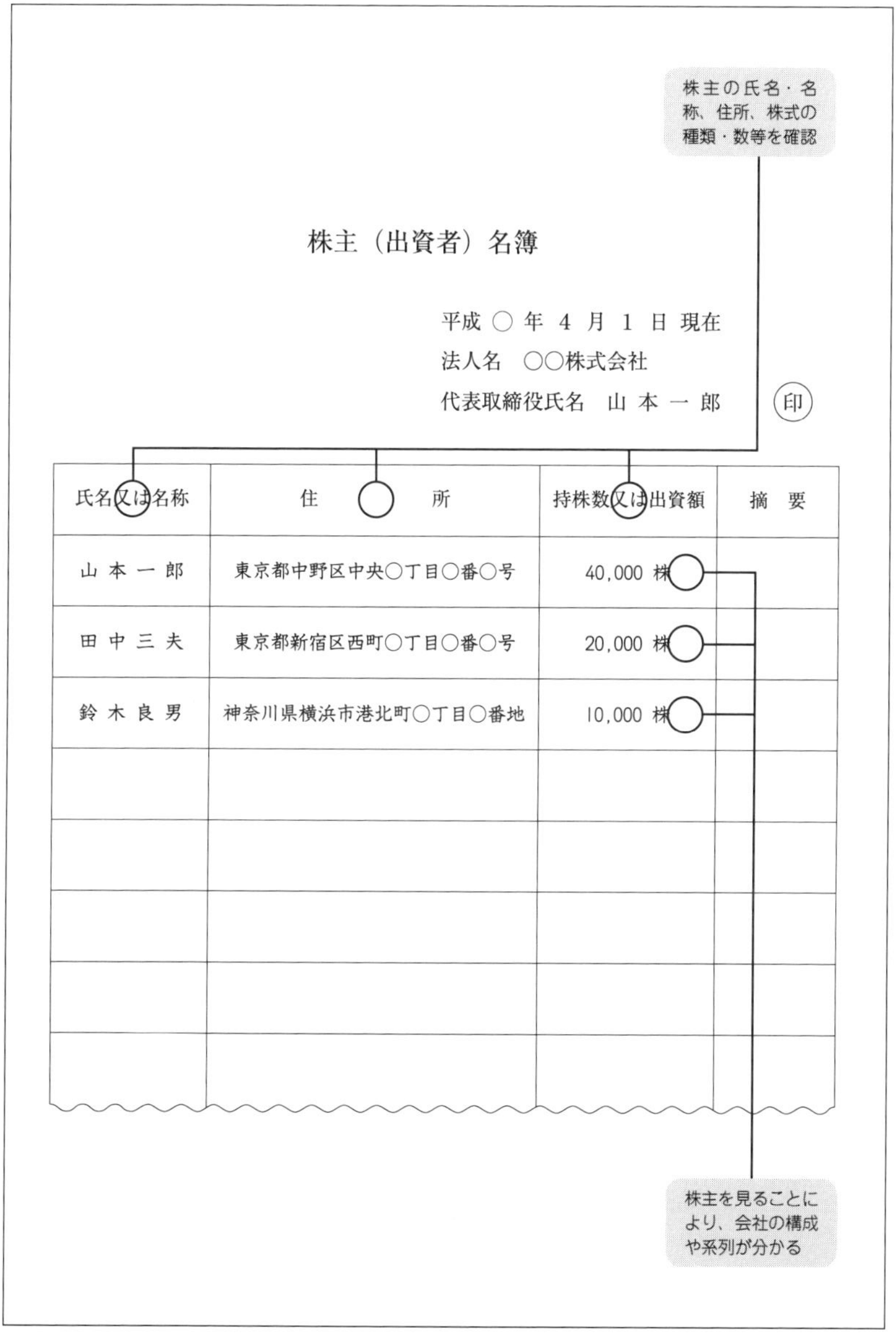
株主の氏名・名称、住所、株式の種類・数等を確認
株主を見ることにより、会社の構成や系列が分かる

株主（出資者）名簿

平成 ○ 年 4 月 1 日 現在
法人名　○○株式会社
代表取締役氏名　山 本 一 郎　㊞

氏名又は名称	住　　所	持株数又は出資額	摘　要
山 本 一 郎	東京都中野区中央○丁目○番○号	40,000 株	
田 中 三 夫	東京都新宿区西町○丁目○番○号	20,000 株	
鈴 木 良 男	神奈川県横浜市港北町○丁目○番地	10,000 株	

10. 会社案内のパンフレット

会社案内のパンフレットは、会社の概略（売上高、資本金、経営組織、代表者と役員、株主、系列、営業拠点、従業員数など）、理念や経歴、社長の経営方針、取扱商品の内容と特徴、設備の状況、主要顧客、関連会社などのプロフィール・全体像を把握するために、特に新規先の融資判断には必要な書類です。

既存先であっても新しい会社案内ができたときや、新製品を出したときには取り受けます。

見方のポイントは、会社の経営方針や経営理念、経歴や沿革、組織編成と従業員の状況など、経営者からヒアリングした情報と一致しているかを確認します。

ただ、会社案内は広告宣伝のために作られるもののため、その会社の長所が誇張されて記載されていることもあります。したがって、鵜《う》呑《の》みにすることがないよう、ある程度割り引いて見る必要があります。

また、売上高や利益など財務状況については、別途、決算書などの財務諸表を取り受けて検証します。

✍チェックポイント

□会社の事業内容、設立日、資本金について確認したか
□会社の代表者・役員、株主、系列、営業拠点について確認したか
□会社の経営方針・経営理念などがヒアリング内容と一致しているか

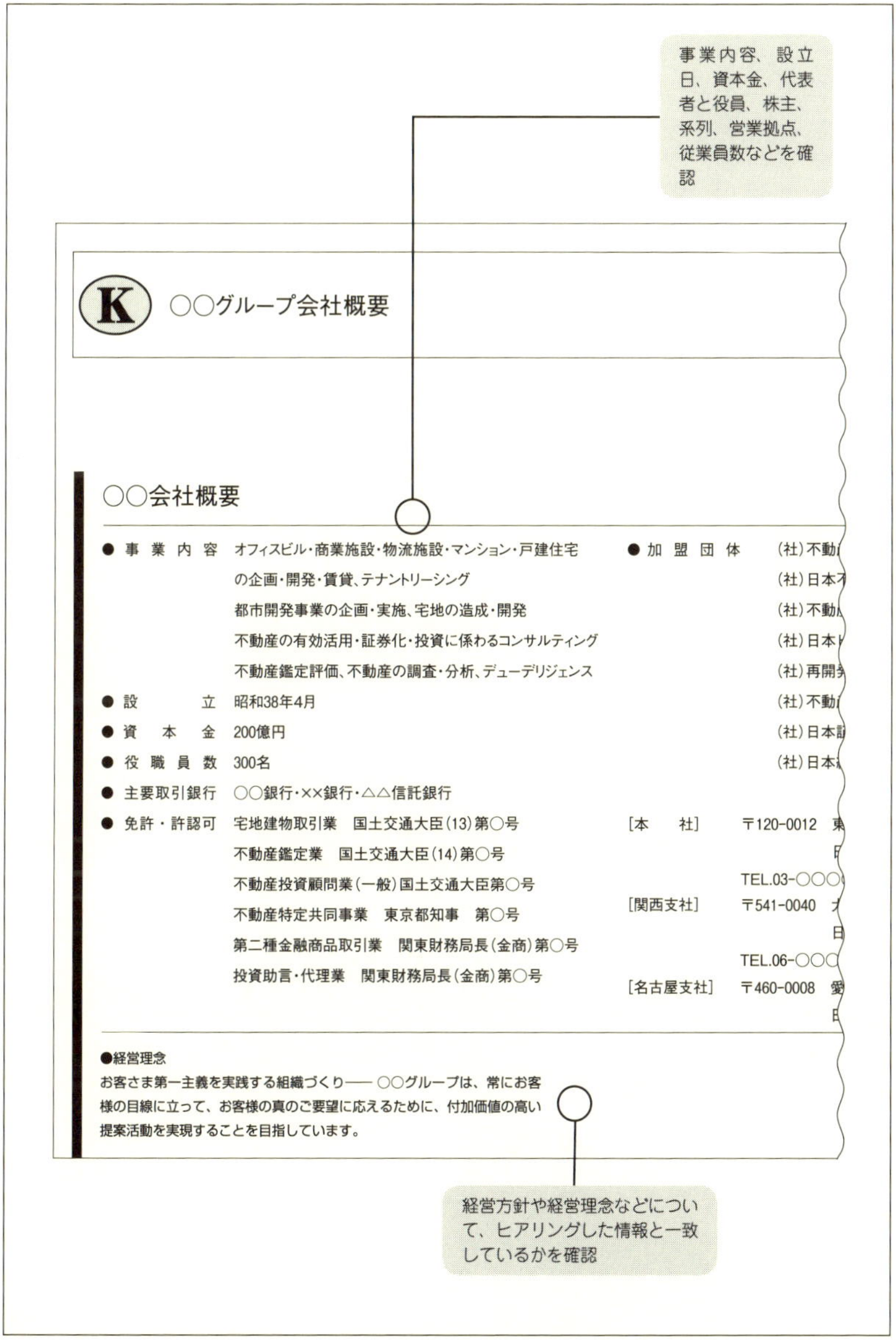
事業内容、設立日、資本金、代表者と役員、株主、系列、営業拠点、従業員数などを確認
経営方針や経営理念などについて、ヒアリングした情報と一致しているかを確認

K　○○グループ会社概要

○○会社概要

● 事業内容	オフィスビル・商業施設・物流施設・マンション・戸建住宅の企画・開発・賃貸、テナントリーシング 都市開発事業の企画・実施、宅地の造成・開発 不動産の有効活用・証券化・投資に係わるコンサルティング 不動産鑑定評価、不動産の調査・分析、デューデリジェンス	● 加盟団体	(社)不動 (社)日本 (社)不動 (社)日本 (社)再開 (社)不動 (社)日本 (社)日本	
● 設立	昭和38年4月			
● 資本金	200億円			
● 役職員数	300名			
● 主要取引銀行	○○銀行・××銀行・△△信託銀行			
● 免許・許認可	宅地建物取引業　国土交通大臣(13)第○号 不動産鑑定業　国土交通大臣(14)第○号 不動産投資顧問業(一般)国土交通大臣第○号 不動産特定共同事業　東京都知事　第○号 第二種金融商品取引業　関東財務局長(金商)第○号 投資助言・代理業　関東財務局長(金商)第○号	[本　社] [関西支社] [名古屋支社]	〒120-0012 TEL.03-○○○ 〒541-0040 TEL.06-○○○ 〒460-0008	

●経営理念
お客さま第一主義を実践する組織づくり――○○グループは、常にお客様の目線に立って、お客様の真のご要望に応えるために、付加価値の高い提案活動を実現することを目指しています。

11. 法人税申告書

法人税申告書とは、すべての会社が利益の有無にかかわらず決算報告書、勘定科目内訳明細書、法人事業概況説明書とともに税務署に提出する書類です。

法人税申告書が読めるようになれば、さらに詳しく会社の実態が把握できるとともに、粉飾決算を発見することもできます。この書類には一から十六まで数多くの別表があり、専門的で難解なことから苦手としている融資担当者も多くいます。

最初のページである別表一（一）からは、会社の納税地、法人名などの概略、事業年度の期間と法人税申告書の種類および法人税額の計算過程がつかめます。基本的な見方のポイントは「税務署受付印」があるかどうかです。この受付印があれば、税務署に提出した申告書と同じであるということが推定できます。

また、顧問税理士の署名捺印があるかどうかもチェックしましょう。それがない場合は会社の経理担当者が作成した可能性が高いため、粉飾のおそれもあります。

✍チェックポイント

□税務署受付印があるかを確認する
□会社の納税地、法人名などの概略を確認する
□事業年度の期間と法人税申告書の種類を確認する
□顧問税理士の署名・捺印があるかを確認する

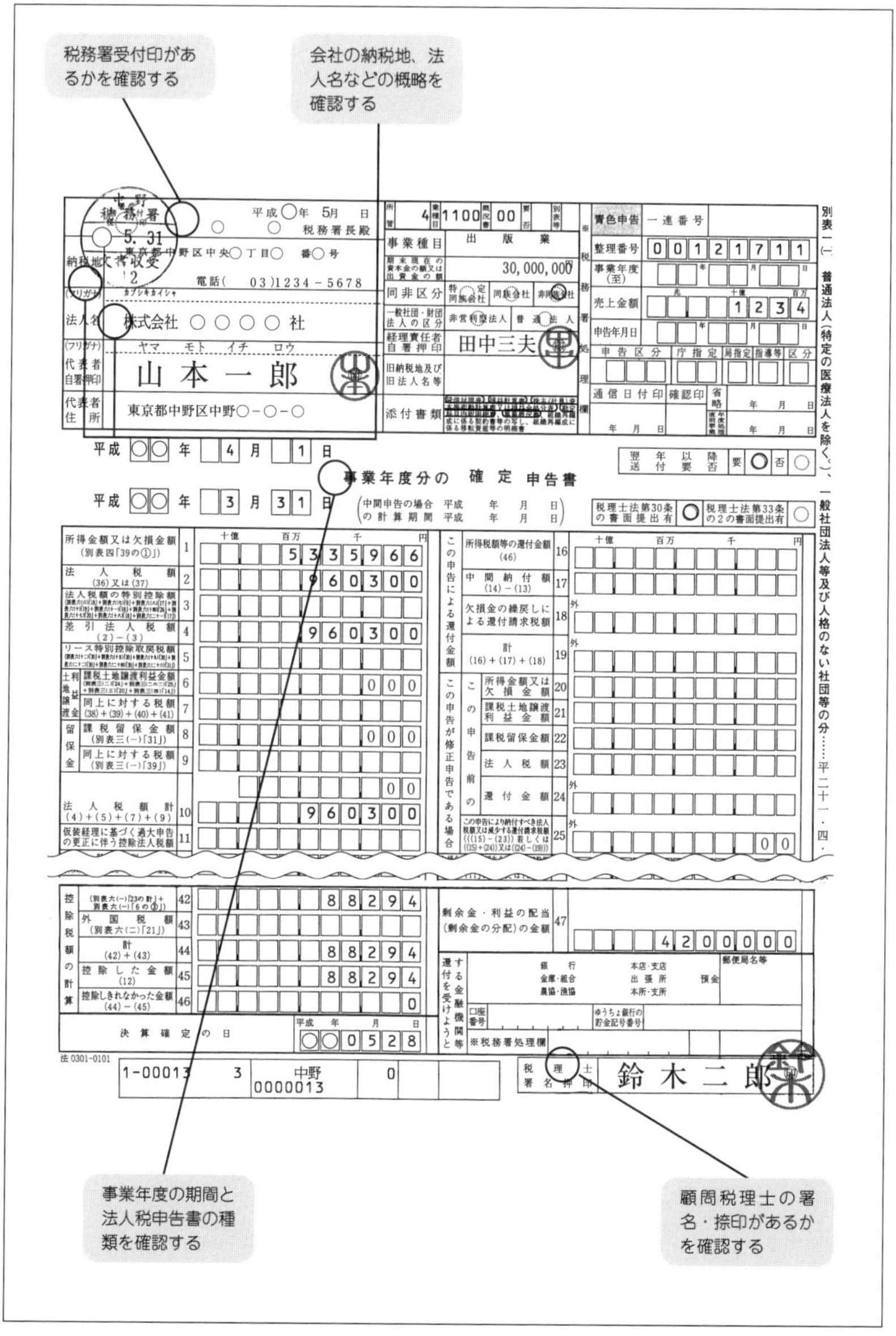
税務署受付印があるかを確認する
会社の納税地、法人名などの概略を確認する
事業年度の期間と法人税申告書の種類を確認する
顧問税理士の署名・捺印があるかを確認する

平成○年 5月 日 ○ ○ 税務署長殿

中野税務署 5.31 文書収受 12

納税地	東京都中野区中央○丁目○番○号 電話(03)1234－5678
(フリガナ)	カブシキカイシャ
法人名	株式会社 ○○○○ 社
(フリガナ)	ヤマ モト イチ ロウ
代表者自署押印	山本一郎
代表者住所	東京都中野区中野○－○－○

所管	4
業種目	1100
概況書	00
事業種目	出版業
期末現在の資本金の額又は出資金の額	30,000,000円
同非区分	特定同族会社 同族会社 非同族会社
一般社団・財団法人の区分	非営利型法人 普通法人
経理責任者自署押印	田中三夫
旧納税地及び旧法人名等	
添付書類	貸借対照表、損益計算書、株主(社員)資本等変動計算書又は損益金処分表、勘定科目内訳明細書、事業概況書、組織再編成に係る契約書等の写し、組織再編成に係る移転資産等の明細書

※税務署処理欄

青色申告	一連番号
整理番号	00121711
事業年度(至)	年 月 日
売上金額	1234(百万)
申告年月日	年 月 日
申告区分 / 庁指定 / 局指定 / 指導等 / 区分	
通信日付印 / 確認印 / 省略	年 月 日

別表一(一) 普通法人(特定の医療法人を除く。)、一般社団法人等及び人格のない社団等の分……平二十一・四・

平成○○年 4月 1日
事業年度分の 確定 申告書
平成○○年 3月 31日
(中間申告の場合の計算期間 平成 年 月 日 平成 年 月 日)

翌年以降送付要否 要 ○ 否
税理士法第30条の書面提出有 ○ 税理士法第33条の2の書面提出有

項目		金額(円)
所得金額又は欠損金額(別表四「39の①」)	1	5335966
法人税額 (36)又は(37)	2	960300
法人税額の特別控除額	3	
差引法人税額 (2)－(3)	4	960300
リース特別控除取戻税額	5	
土地譲渡利益金 課税土地譲渡利益金額	6	000
同上に対する税額 (38)＋(39)＋(40)＋(41)	7	
留保金 課税留保金額(別表三(一)「31」)	8	000
同上に対する税額(別表三(一)「39」)	9	
		00
法人税額計 (4)＋(5)＋(7)＋(9)	10	960300
仮装経理に基づく過大申告の更正に伴う控除法人税額	11	

項目		金額(円)
この申告による還付金額 所得税額等の還付金額(46)	16	
中間納付額 (14)－(13)	17	
欠損金の繰戻しによる還付請求税額	18	
計 (16)＋(17)＋(18)	19	
この申告が修正申告である場合 この申告前の 所得金額又は欠損金額	20	
課税土地譲渡利益金額	21	
課税留保金額	22	
法人税額	23	
還付金額	24	
この申告により納付すべき法人税額又は減少する還付請求税額(((15)－(23))若しくは((15)＋(24))又は((24)－(19)))	25	00

控除税額の計算		金額(円)
(別表六(一)「23の計」＋別表六(一)「6の③」)	42	88294
外国税額(別表六(二)「21」)	43	
計 (42)＋(43)	44	88294
控除した金額 (12)	45	88294
控除しきれなかった金額 (44)－(45)	46	0

剰余金・利益の配当(剰余金の分配)の金額 47 4200000

還付を受けようとする金融機関等：銀行 金庫・組合 農協・漁協 本店・支店 出張所 本所・支所 預金 郵便局名等 口座番号 ゆうちょ銀行の貯金記号番号 ※税務署処理欄

決算確定の日 平成○○年 05月 28日

法 0301-0101

1-00013 3 中野 0000013 0

税理士署名押印 鈴木二郎

12. 決算書

決算書とは、取引先の売上高、利益、資産の内容はもとより、収益力、企業の規模などが記載された書類です。決算書は法人税申告書とともに、税務署の受付印があり、勘定科目内訳明細書、法人事業概況説明書が付いたものを３期分取り受けます。

３期分取り受ける理由は、直近だけでなく過去の経営状況も知る必要があること、また経営の安定性、成長性、返済財源などを分析するには、最低３期分が必要だからです。税務署の受付印があるものを取り受けるのは、粉飾された決算書の取受けを回避するためです。

決算書は、損益計算書、貸借対照表、製造原価報告書、株主資本等変動計算書、個別注記表、勘定科目内訳明細書から構成されています。これらの書類の中でも柱となるのが損益計算書と貸借対照表です。

損益計算書は、一会計期間における会社の経営成績を明らかにする決算書類です。ここに書かれている５つの利益により、会社の収益力を見ることができます。

貸借対照表は、決算日における会社の財政状況を表す書類です。書式の向かって左側に現金・預金・売掛金・土地・建物などの資産を、右側には買掛金・借入金などの負債および資本金・利益剰余金などの純資産で構成されます。

返さなければならない負債と、返す必要のない純資産でお金を調達して、どのような資産でそれを運用しながら会社を経営しているか、といった見方をします。

決算書類は年1回しか作成されませんから、期の途中の財務と収益の状況を把握する必要が生じます。その場合、直近の状態を示す書類として「試算表」を取り受けます。試算表は基本的に決算書と同一の形式となっており、融資取引に必須の書類です。

また、運転資金の資金使途と返済財源を検証する書類として、企業の資金の入りと出を月単位でまとめた「資金繰り表」があります。試算表と資金繰り表は決算書とセットで取り受けます。

✍チェックポイント

□決算書から売上高、利益、資産内容、収益力、規模などを見ているか

□損益計算書の5つの利益から会社の収益力を見ているか

□資産の部には現金、預金、売掛金、不動産などの資産が記載される

□負債の部には買掛金、借入金などの負債が記載される

□純資産の部には資本金、利益剰余金などの純資産が記載される

□資金をどう調達しどんな資産で運用しているかを検証したか

決算書からは会社の売上高、利益、資産内容、収益力、企業の規模などを見る

〈損益計算書〉

損益計算書

（平成○年４月１日から
平成○年３月31日まで）

（単位：百万円）

科　目	金　額
売上高	21,577
売上原価	12,160
売上総利益	9,417
販売費及び一般管理費	5,547
営業利益	3,870
営業外収益	301
受取利息	66
投資事業組合投資利益	86
設備賃貸料	111
その他	38
営業外費用	62
支払利息	4
その他	58
経営利益	4,109
特別損失	4
施設利用会員権評価損	1
事務所移転費用	3
税引前当期純利益	4,105
法人税、住民税及び事業税	1,700
法人税等調整額	9
当期純利益	2,396

これら５つの利益から会社の収益力を見て取ることができる

左側には現金・預金・売掛金・不動産などの資産が記載される

右側には買掛金・借入金などの負債および資本金・利益剰余金などの純資産が記載される

〈賃借対照表〉

賃 借 対 照 表

（平成○年３月31日現在）

（単位：百万円）

科　目	金　額	科　目	金　額
〈資産の部〉		〈負債の部〉	
流動資産	13,394	流動負債	2,919
現金及び預金	7,073	買掛金	701
受取手形	55	短期借入金	160
売掛金	2,201	未払金	329
有価証券	3,485	未払法人税等	966
原材料	12	未払消費税等	76
仕掛品	160	未払費用	219
貯蔵品	6	賞与引当金	287
前払費用	137	役員賞与引当金	50
繰延税金資産	219	その他	131
その他	51	固定負債	670
貸倒引当金	△5	退職給付引当金	397
固定資産	12,113	役員退職慰労引当金	256
有形固定資産	3,985	その他	17
建物	642	負債合計	3,589
構築物	43	〈純資産の部〉	
機械及び装置	554	株主資本	21,575
車両運搬具	5	資本金	3,055
工具器具備品	173	資本剰余金	4,680
土地	2,568	資本準備金	4,680
無形固定資産	40	利益剰余金	13,999
ソフトウェア	34	利益準備金	177
電話加入権	6	その他利益剰余金	13,822
投資その他の資産	8,088	特別償却準備金	1
投資有価証券	6,174	別途積立金	11,200
関係会社株式	369	繰越利益剰余金	2,621
繰延税金資産	368	自己株式	△159
敷金及び保証金	652	評価・換算差額等	343
施設利用会員権	175	その他有価証券評価差額金	343
長期性預金	200		
その他	247		
貸倒引当金	△97	純資産合計	21,918
資産合計	25,507	負債純資産合計	25,507

負債と純資産から資金をどう調達し、どんな資産で運用しているかを検証する

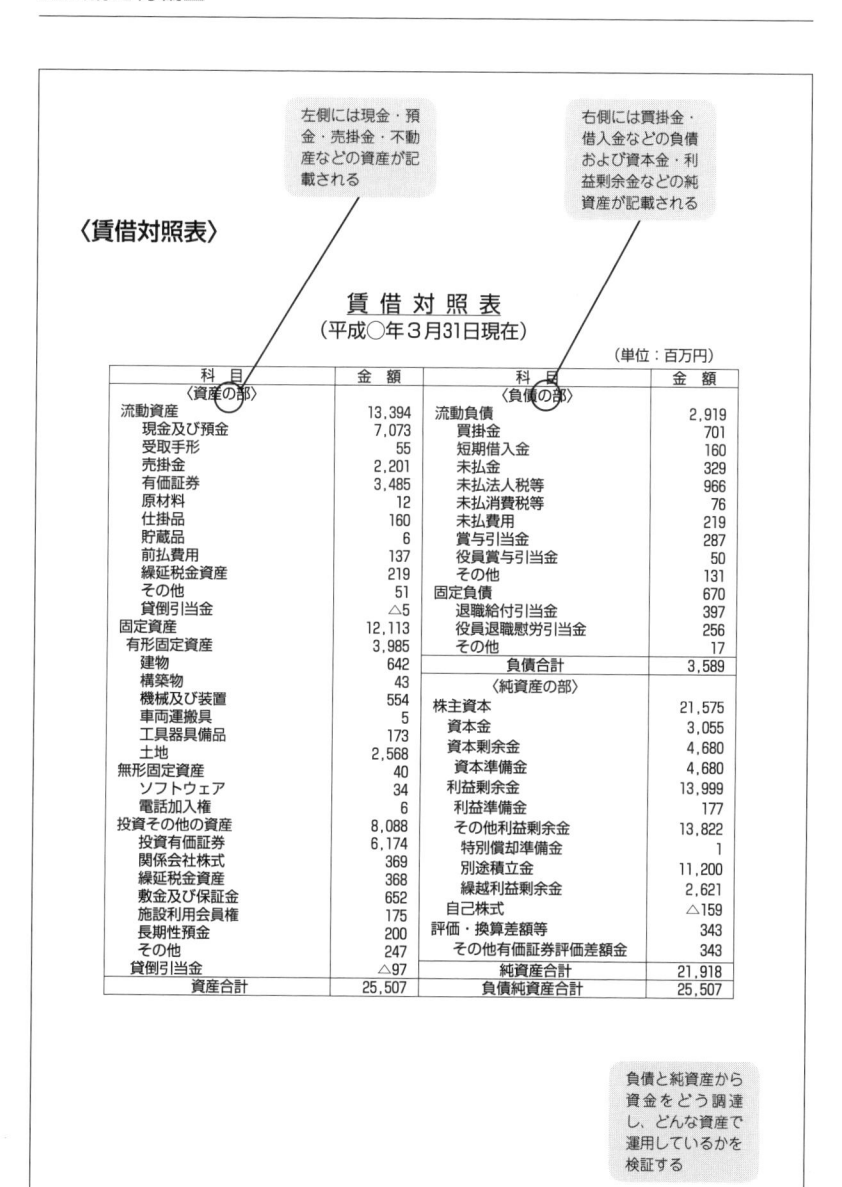

13．事業計画書

事業計画書とは、会社を起業したり運営する場合に、どのように事業を行うかを記載した書類です。新規開業のための融資を申し込む際には当然必要となる書類ですが、既存先の融資についても、資金使途・回収財源の証明書類として必要となります。

事業計画書には様々な様式がありますが、事業の概要、会社の概要、起業・開業の場合は、その理由、動機、背景、詳細な事業内容、販売計画、売上予測、仕入計画、資金計画・損益計画、事業実施スケジュール、問題点とその解決策などの項目が記載されているかを見ます。また、その実現可能性はどうかといった視点で見ることがポイントとなります。

事業計画書に類するものとして設備資金計画表があります。これは設備投資の際に企業が作成するもので、設備投資の内容、設備資金調達計画、支払計画、設備長期資金の返済財源、設備投資の目的と必要性、設備投資効果などが記載されており、設備資金を融資する際には必ず取り受ける書類です。

✍チェックポイント

□当該会社の事業内容や会社の概要について確認したか
□起業・開業の理由、動機、背景等について確認したか
□仕入販売計画、売上予測、資金計画、損益計画等について確認したか
□全体的に見て実現可能性について検討したか

事業内容や会社の概要について確認する

新規開業等事業計画書

平成○年 3 月 15 日

住 所 東京都大田区大田○－○－○

氏 名（株）○○製造　　印

開業形態	個人・法人	商号	株式会社 ○○製造		資本金 50,000 千円
事業所開設住所	東京都大田区大田○－○－○			電話 03（1234）5678	
開設（予定）年月日	平成○年 9 月 1 日			事業開始届の有無	有・無
業種	製造業	取扱品	食品トレー キッチン雑貨	仕入先	××工業
従業員数	23 名				
事業協力者の住所・氏名・勤務先					

1 運転資金計画

名称	金額	積算内訳
商品・材料等の仕入資金	10,000 千円	
人件費等	55,000 千円	
その他の資金	千円	
計	A 65,000 千円	

2 設備計画

区分	土地・建物	面積	取得方法［自己・新築 買取・賃貸］	取得に要する資金	契約年月日	取得(完成)年月日
事業用不動産	土地	110㎡	買取	50,000 千円	・・	・・
	建物	90㎡	〃	40,000 千円	・・	・・
	計	B（取得に要する資金）		90,000 千円		

起業・開業の場合は、その動機、背景、事業内容、仕入販売計画、売上予測、資金計画・損益計画などが記載されているか

14. 見積書・契約書

見積書とは、商品の注文や仕事の依頼を受けた側が、商品の販売やその仕事を達成するために、どのくらいの価格、期間になるかを見積もって依頼主に提出する書類です。融資判断を行う際には、資金使途の確認のために取り受けます。

見積書では、納品期限・有効期限と見積金額が融資の申込金額と整合性があるかをチェックすることが必要です。なお、見積書の価格はあくまでも実際に仕事を請ける前の段階での価格のため、将来価格が変動する場合があることに注意しなければなりません。

次に契約書とは、契約を締結する際に作成されるもので、その契約内容を記した文書です。見積書と同じように、融資にあたって資金使途および返済財源を確認するための書類として取り受けます。

契約書では、契約の当事者は代表者など締結権限を有する者かを確認します。また契約金額に応じた収入印紙が貼っていない場合は、架空の契約の可能性もあるため注意が必要です。

✍チェックポイント

□見積書の納品期限、有効期限と見積金額の整合性について確認したか
□商品の内容、数量、価格などについて確認したか
□契約書は契約の当事者は締結権限を有するものか確認したか
□契約金額に応じた収入印紙が貼られているか

納品期限・有効期限と、見積金額と融資申込金額の整合性を確認

商品の内容、数量、価格などを確認する

〈見積書〉

御 見 積 書

No. M000001
御見積年月日 平成○年3月15日

○○株式会社 様

下記のとおり御見積申し上げます。

件　　名　機械部品納入
御担当者　小川　孝一
納品期限　別途お打合せ
支払条件

法人名or屋号名　××商会
住所　東京都品川区品川○－○
連絡先など
03－1234－5678
印

御見積金額　¥ 2,000,000

項　目	内　容	数量	単位	定価単価	金　額
1	部品A	100	個	10,000	1,000,000
2	部品B	100	個	10,000	1,000,000

〈契約書〉

収入印紙

不動産売買契約書

　　　　（以下、「売主」という。）と ○○ 株式会社（以下、「買主」という。）は売主所有の別紙目録記載の土地建物（以下、「本件不動産」という）の売買に関し、次の通り契約する。

第1条（目　的）
売主は、本件不動産を買主に売渡し、買主は、これを買受ける。
第2条（売買代金）
本件不動産の売買代金は、金 30,000,000 円也とする。

契約の当事者は代表者など締結権限を有する者か

金額に応じた収入印紙が貼ってあるか、必ず確認する

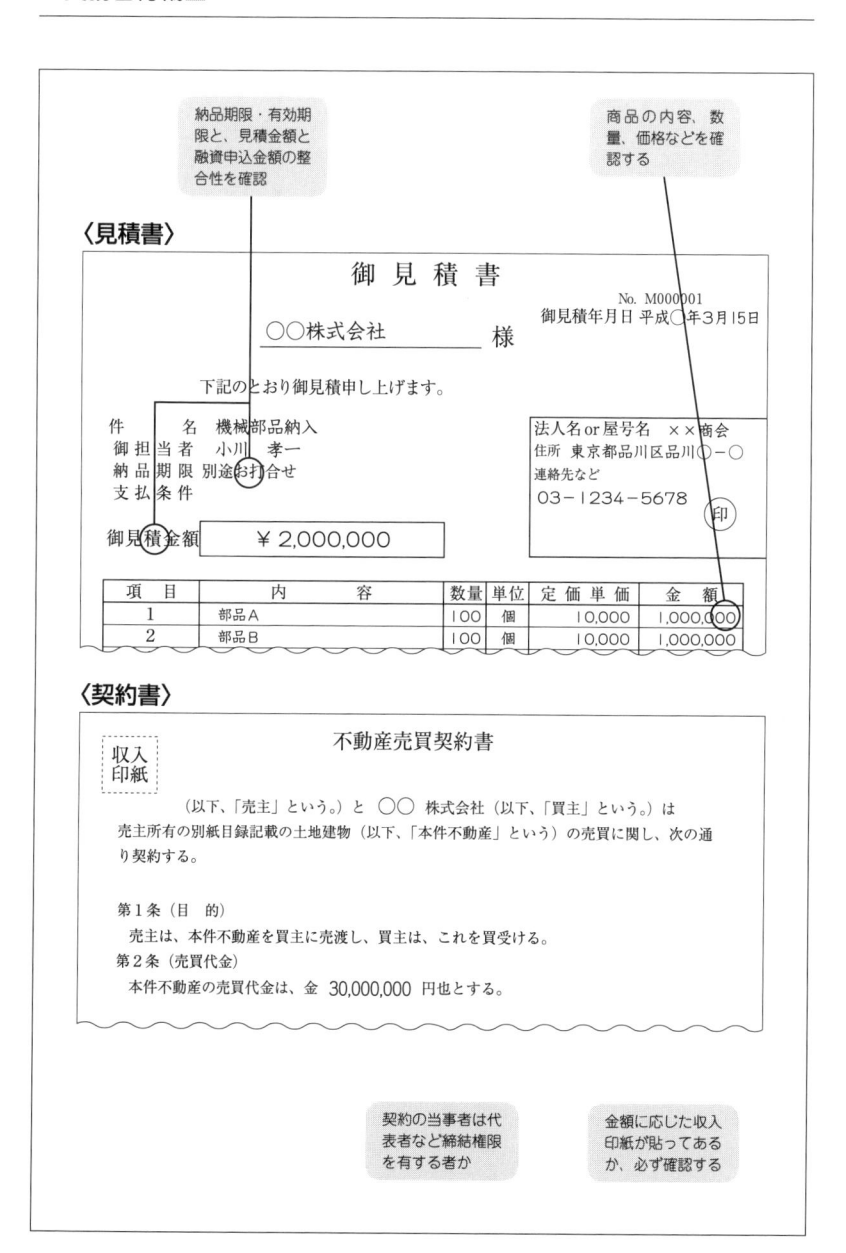

15. 銀行取引約定書

銀行取引約定書は、融資取引に共通する重要で基本的な事項を定めたもので、主に金融機関の権利行使の根拠が書かれています。この書類には、債権保全のための民事上の手続きを容易にするという役割があります。

具体的には、すべての取引に関して約定が共通に適用されること、利息や手数料は別途個別契約によること、債務不履行の場合は損害金を支払うべきことなどが書かれています。担保価値が減少したり債権保全が必要な事由が生じた場合は、追加担保を差し入れたり保証人を追加すること、債務不履行の場合は、担保を処分することなども記載されています。

大切なのは「期限の利益の喪失」の条項です。ここには、破産や民事再生などの手続き開始による「当然喪失条項」、借入金の延滞が生じたときなどの「請求喪失条項」など、期限の利益が喪失する場合について定められています。

なお最近では、反社会的勢力の排除（債務者が暴力団関係組織に入っていないことなど）に関する規定も導入されています。

✍チェックポイント

□取引先と金融機関それぞれの住所と名称が記載される
□期限の利益の喪失の条項は融資取引においては重要
□反社会的勢力の排除に関する規定も導入されている

取引先と金融機関それぞれの住所と名称を記載する

新規契約用

収入印紙

銀行取引約定書

平成○年3月15日

甲　住所　東京都中野区中央○－○－○
株式会社近代工業
氏名　代表取締役　近代 太郎　印

乙（株式会社　花畑銀行）
東京都渋谷区渋谷○－○－○
株式会社花畑銀行△△支店
支店長　花畑 一　印

甲と乙は、甲乙間の銀行取引に適用される基本事項について、以下のとおり合意しました。

第5条（期限の利益の喪失）

① 甲について次の各号の事由が一つでも生じた場合には、乙からの通知催告等がなくても、甲は乙に対するいっさいの債務について当然期限の利益を失い、直ちに債務を弁済するものとします。

1. 破産手続開始、民事再生手続開始、会社更生手続開始、会社整理開始もしくは特別清算開始の申立があったとき。
2. 手形交換所の取引停止処分を受けたとき。
3. 前2号の他、甲が債務整理に関して裁判所の関与する手続を申立てたとき、もしくは弁護士等へ債務整理を委任したとき、または自ら営業の廃止を表明したとき等、支払を停止したと認められる事実が発生したとき。
4. 甲または甲の保証人の預金その他の乙に対する債権について仮差押、保全差押または差押の命令、通知が発送されたとき。なお、保証人の預金その他の乙に対

期限の利益を喪失する事由が定められた重要な条項

16. 約束手形

約束手形には７つの必要記載事項があります（手形法75条）。現在は統一手形用紙ですから、手形を受け取ったら振出人の署名・捺印、金額、振出日、名宛人（手形の受取人）、支払期日にモレはないかを確認します。約束手形の表示、支払地・支払場所、支払文言などはあらかじめ印刷されています。

前記の記載事項を欠くものは原則、約束手形としての効力がありません（同法76条）。したがって、手形受取り時は必要記載事項をよく点検することが必要です。

手形貸付を実行するときは、金融機関を受取人として約束手形を振り出してもらいます。当座取引がないか、または手形を発行していない場合は、貸付専用手形により取引をします。これは振出日に借入れをし、手形期日に返済する約定で実行する融資取引です。

一般的には１年以内の短期貸付に利用され、資金使途は運転資金や決算資金などです。金融機関は消費貸借上の債権と手形上の債権とを保有し、どちらの権利を行使することもできます。

✍チェックポイント

□手形貸付の場合の受取人は金融機関になる
□融資金の返済期日が手形の支払期日として記載される
□振出人については取引先の住所と社名を記載してもらう
□融資の実行日が手形の振出日として記載される

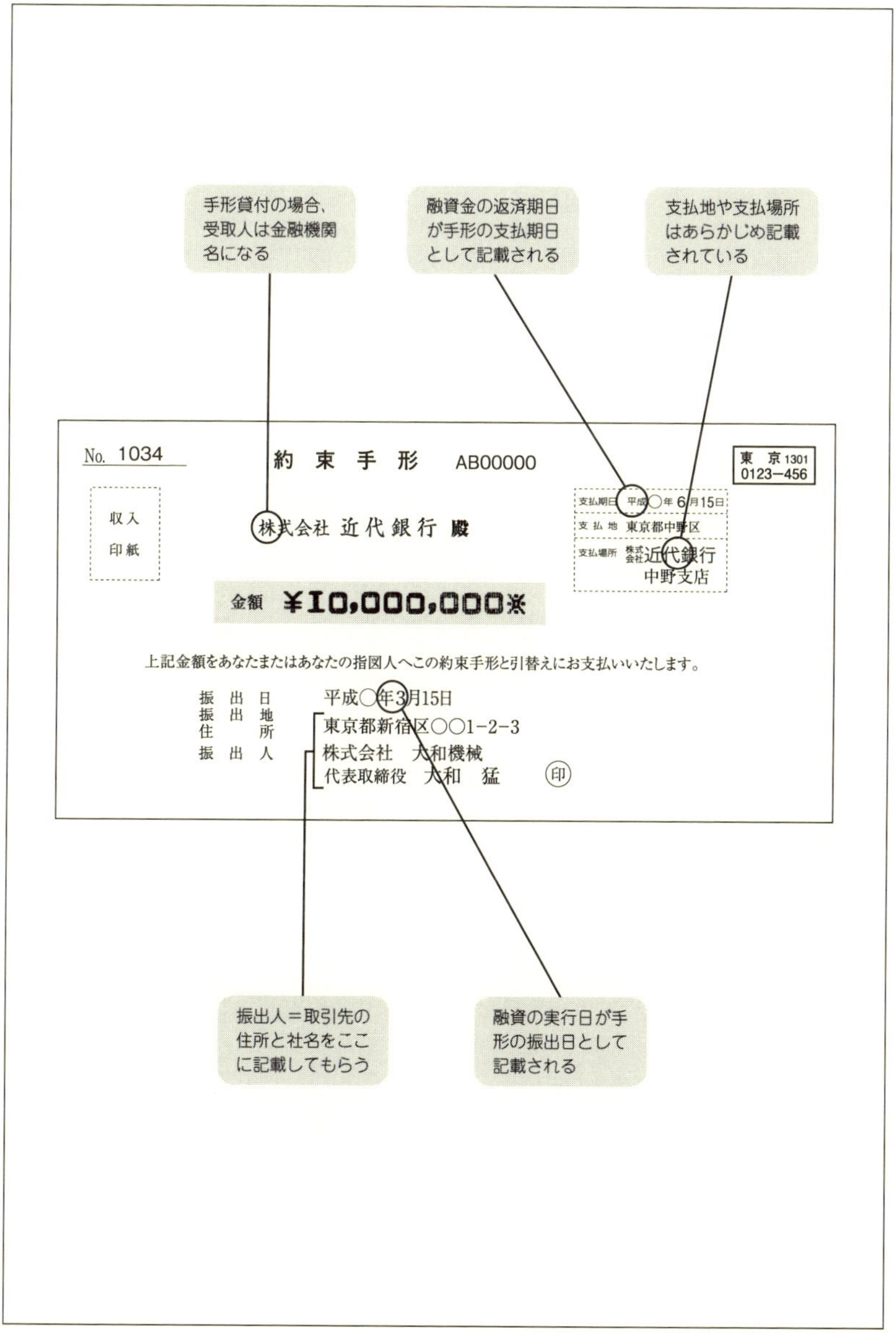
手形貸付の場合、受取人は金融機関名になる
融資金の返済期日が手形の支払期日として記載される
支払地や支払場所はあらかじめ記載されている
No. 1034
約束手形　AB00000
東　京 1301
0123－456
収入印紙
株式会社 近代銀行 殿
支払期日　平成○年 6月15日
支払地　東京都中野区
支払場所　株式会社 近代銀行 中野支店
金額 ¥10,000,000※
上記金額をあなたまたはあなたの指図人へこの約束手形と引替えにお支払いいたします。
振出日　平成○年3月15日
振出地 住所　東京都新宿区○○1-2-3
振出人　株式会社　大和機械
代表取締役　大和　猛　㊞
振出人＝取引先の住所と社名をここに記載してもらう
融資の実行日が手形の振出日として記載される

17. 金銭消費貸借契約証書

民法587条には、「消費貸借は、当事者の一方が種類、品質及び数量の同じ物をもって返還することを約して相手方から金銭その他の物を受け取ることによって、その効力を生ずる」とあります。金銭消費貸借契約証書は、この契約の内容を明らかにするため書面化したものです。

書面化するのは、後日のトラブルを未然に防止するためであり、融資の諸条件が細かく記載されています。通常は私署証書によりますが、場合によっては公正証書のこともあります。

金融機関では、証書貸付という形式でこの書類を使用します。一般的に手形貸付が短期で一括返済なのに対し、長期で分割払いの貸付に用いられます。ただ、最近では短期でも証書貸付を利用することが多くなってきています。

記載内容は、融資実行日、融資金額、融資利率、資金使途、返済期限、返済方法などです。これらの内容は、取引先に十分に説明し納得してもらったうえで、署名・捺印をしてもらう必要があります。

✍チェックポイント

□証書の日付は融資実行日が記載される

□本人（債務者）欄は企業の場合は代表取締役の名前が記載される

□借入要項には金額、使途、借入日、利率等が記載される

□弁済方法には返済開始日や毎月の返済額、利息の支払方法等が記載される

企業の場合は代表取締役と契約する

融資実行日が記載されている

金銭消費貸借契約証書

収入印紙

○ 年　3月 15日

株式会社　近代銀行

本人（債務者）
住所　東京都目黒区上目黒○－○－○
氏名　株式会社春風工業
代表取締役　春風　亘

印

融資取引印

連帯保証人
住所
氏名

第1条（借入要項）
債務者は、別に差し入れた銀行取引約定書の各条項のほか、この約定を承認のうえ、近代銀行（以下「銀行」という）から次の要項により金銭を借り受けることを約諾しました。

1．金額	金　50,000,000 円也	2．使途	運転資金
3．借入日	○ 年　3月 15日	4．最終弁済期日	○ 年　3月　31日
5．利率および計算方法	年　1.836 %		年３６５日の日割り計算

6．弁済方法
借入金の元本については、下記の方法により支払うものとします。
（該当の弁済方法の記号に○印をつけてください。）
ア．期限一括弁済
イ．　○○年　４月２８日を第１回弁済期とし、以後１ヵ月ごとの月末日に次のとおり分割弁済します。
○○年　２月までの分は毎回８３３，０００円、　年　月までの分は毎回　円
年　月までの分は毎回　円、　年　月までの分は毎回　円
年　月までの分は毎回　円、　年　月までの分は毎回　円
年　月までの分は毎回　円、　年　月までの分は毎回　円
年　月までの分は毎回　円、　年　月までの分は毎回　円
年　月までの分は毎回　円、　年　月までの分は毎回　円
最終弁済月の分は、８５３，０００円

7．利息の支払方法
利息については、下記の方法により支払うものとします。
（該当の支払方法の記号に○印をつけてください。）
ア．（利息前払い）
借入日にその日から ○○ 年４月３１日までの利息を支払い、以後１ヵ月ごとの各月末日に１ヵ月分を前払いします。
ただし、最終利払日には最終弁済期日までの利息を前払いします。
イ．（利息後払い）
年　月　日に借入日からその日までの利息を支払い、以後　ヵ月ごとの各　日および最終弁済期日に経過分を支払います。

融資金額、使途、利率が記載される

返済開始日や毎月の返済額、利息の支払方法等が定められている

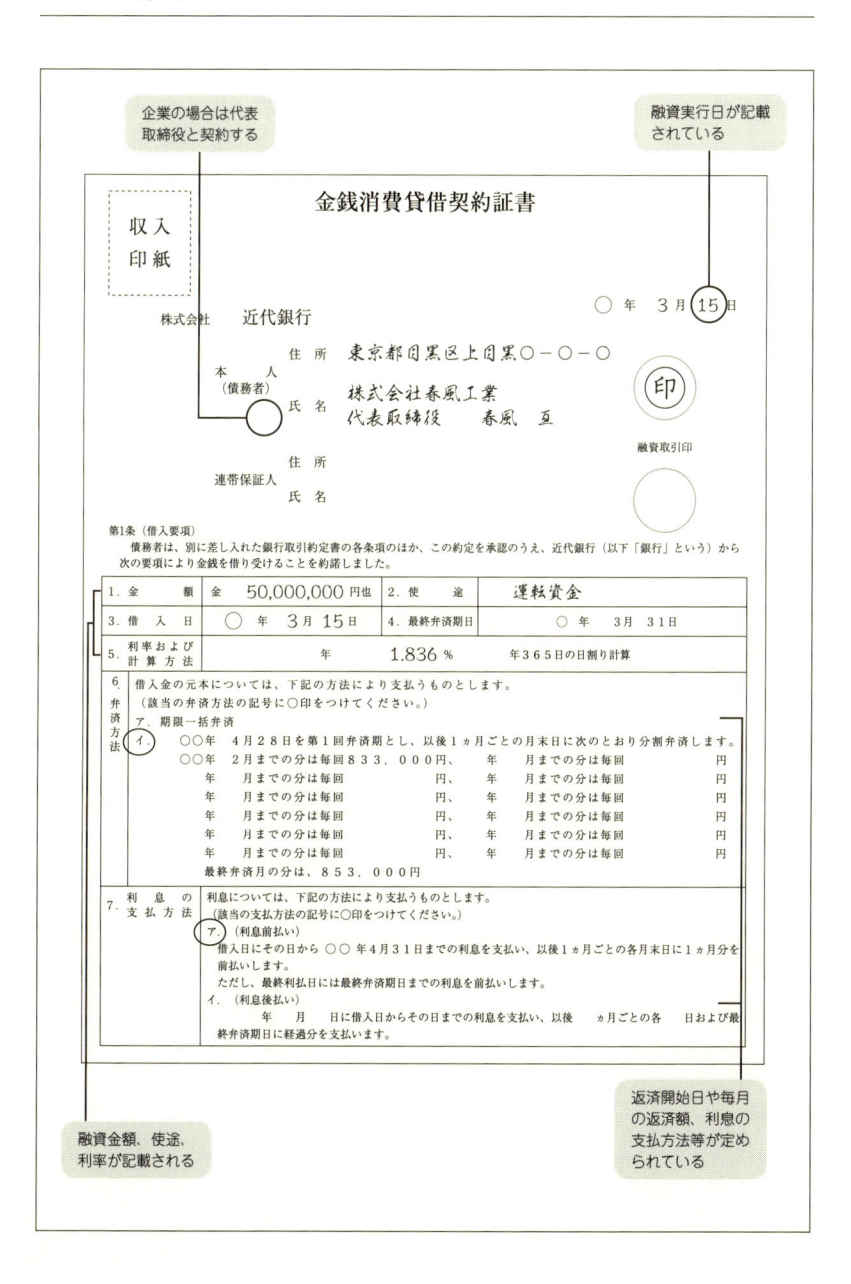

18. 保証約定書

保証約定書は、債務者の連帯保証人となる旨を約定する書類です。連帯保証人には、保証人にある「催告の抗弁権」や、「検索の抗弁権」がありません。

保証の種類には個別保証と根保証があります。個別保証では、金銭消費貸借契約証書に債務者とともに署名する場合が多いですが、手形貸付のときなどは保証約定書に署名捺印する場合もあります。

個別保証は、主債務が消滅すると保証債務も消滅しますが、継続的に金融取引をする場合は、取引の都度保証人に意思を確認し保証書を提出してもらうのは事務的に煩雑なことから、「根保証約定書」を締結することになります。

なお、従来は取引の種類や金額、期間の定めのない「包括根保証」が認められてきましたが、現在は法改正により、包括根保証の契約は認められません。金額は限度を定めた極度保証となり、期間は5年を超える契約は認められません（期間を定めていない場合は3年とみなされる）。この点注意が必要です。

✍チェックポイント

□個人が保証人となる場合は極度額の定めのない根保証契約は無効

□連帯保証人には催告の抗弁権や検索の抗弁権がない

□元本確定期日以降の債務は保証の対象にならない

個人が保証人になる場合、極度額の定めのない根保証契約は無効となる

連帯保証人には、「催告の抗弁権」や「検索の抗弁権」がない

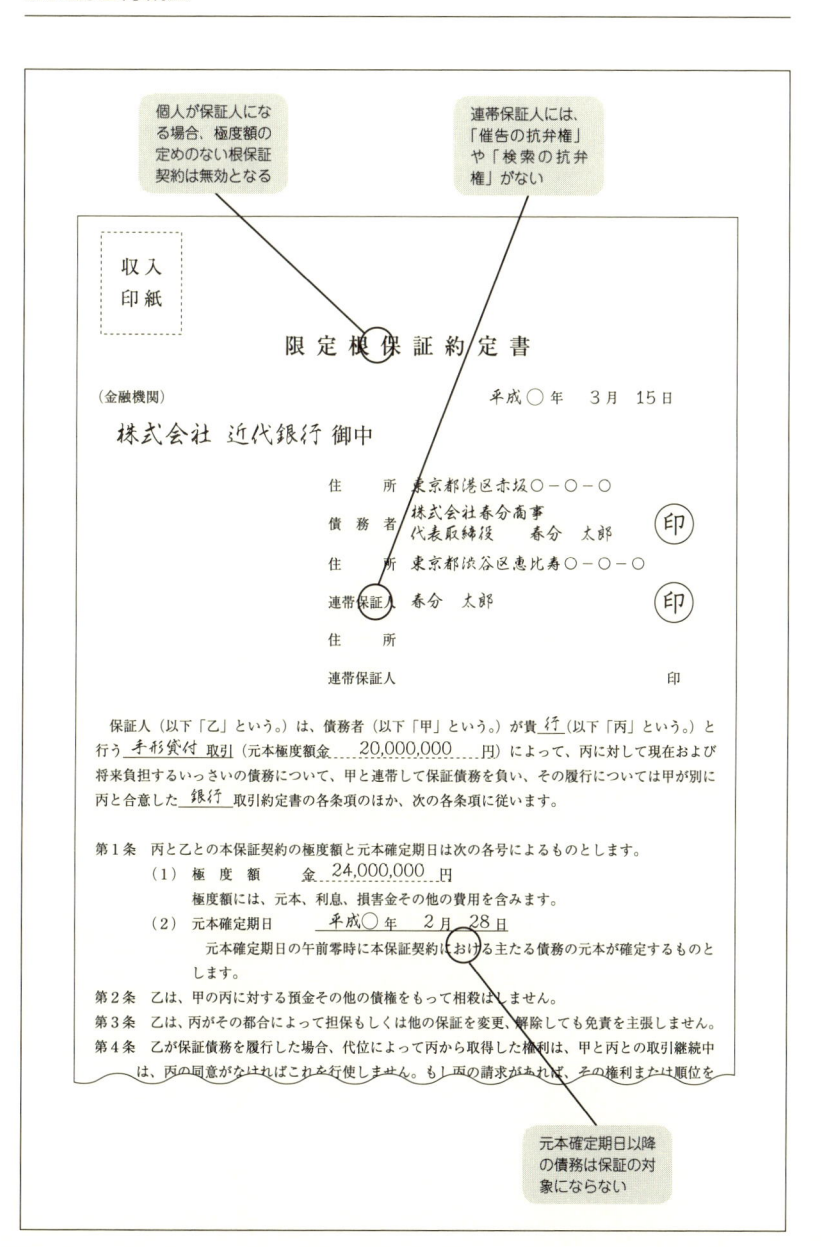

収入
印紙

限定根保証約定書

（金融機関）　　　　　　　　　　　　　　平成○年　3月　15日

株式会社 近代銀行 御中

住　　所　東京都港区赤坂○－○－○
債 務 者　株式会社春分商事
　　　　　代表取締役　　春分　太郎　　　　印
住　　所　東京都渋谷区恵比寿○－○－○
連帯保証人　春分　太郎　　　　　　　　　印
住　　所
連帯保証人　　　　　　　　　　　　　　　印

保証人（以下「乙」という。）は、債務者（以下「甲」という。）が貴行（以下「丙」という。）と行う手形貸付取引（元本極度額金　20,000,000　円）によって、丙に対して現在および将来負担するいっさいの債務について、甲と連帯して保証債務を負い、その履行については甲が別に丙と合意した銀行取引約定書の各条項のほか、次の各条項に従います。

第1条　丙と乙との本保証契約の極度額と元本確定期日は次の各号によるものとします。
（1）極　度　額　　金　24,000,000　円
　　極度額には、元本、利息、損害金その他の費用を含みます。
（2）元本確定期日　　平成○年　2月　28日
　　元本確定期日の午前零時に本保証契約における主たる債務の元本が確定するものとします。
第2条　乙は、甲の丙に対する預金その他の債権をもって相殺はしません。
第3条　乙は、丙がその都合によって担保もしくは他の保証を変更、解除しても免責を主張しません。
第4条　乙が保証債務を履行した場合、代位によって丙から取得した権利は、甲と丙との取引継続中は、丙の同意がなければこれを行使しません。もし丙の請求があれば、その権利または順位を

元本確定期日以降の債務は保証の対象にならない

19. 抵当権設定契約証書

抵当権は、債務者または第三者が有する不動産などを、その人が使用できる状態で債務の担保とし、債務不履行となったときにその不動産などを処分し、弁済を受けることを目的とする担保権のことです。

抵当権設定契約証書は金融機関と債務者・抵当権設定者（担保提供者。通常は債務者）との間でこれを合意した書面であり、登記申請のために必要なものです。

契約書には、債務者と抵当権設定者が記名押印します。債務者、抵当権設定者の印鑑証明書（法人の場合は資格証明書も）により、実印であることを確認します。

設定登記を司法書士に依頼するときは、物件所有者の登記済証または登記識別情報、委任状も必要になります。

設定契約日と抵当権の原因債権である金銭消費貸借契約の表示、設定金額、抵当権の目的たる物件明細も確認します。物件明細は、最新の登記事項証明書により、他の抵当権等がないかなどを確認してください。

✍チェックポイント

□債務者と抵当権設定者の記名押印があるかを確認

□原因債権である金銭消費貸借契約についても確認

□融資金額や返済期日は金銭消費貸借契約と同じになることを確認

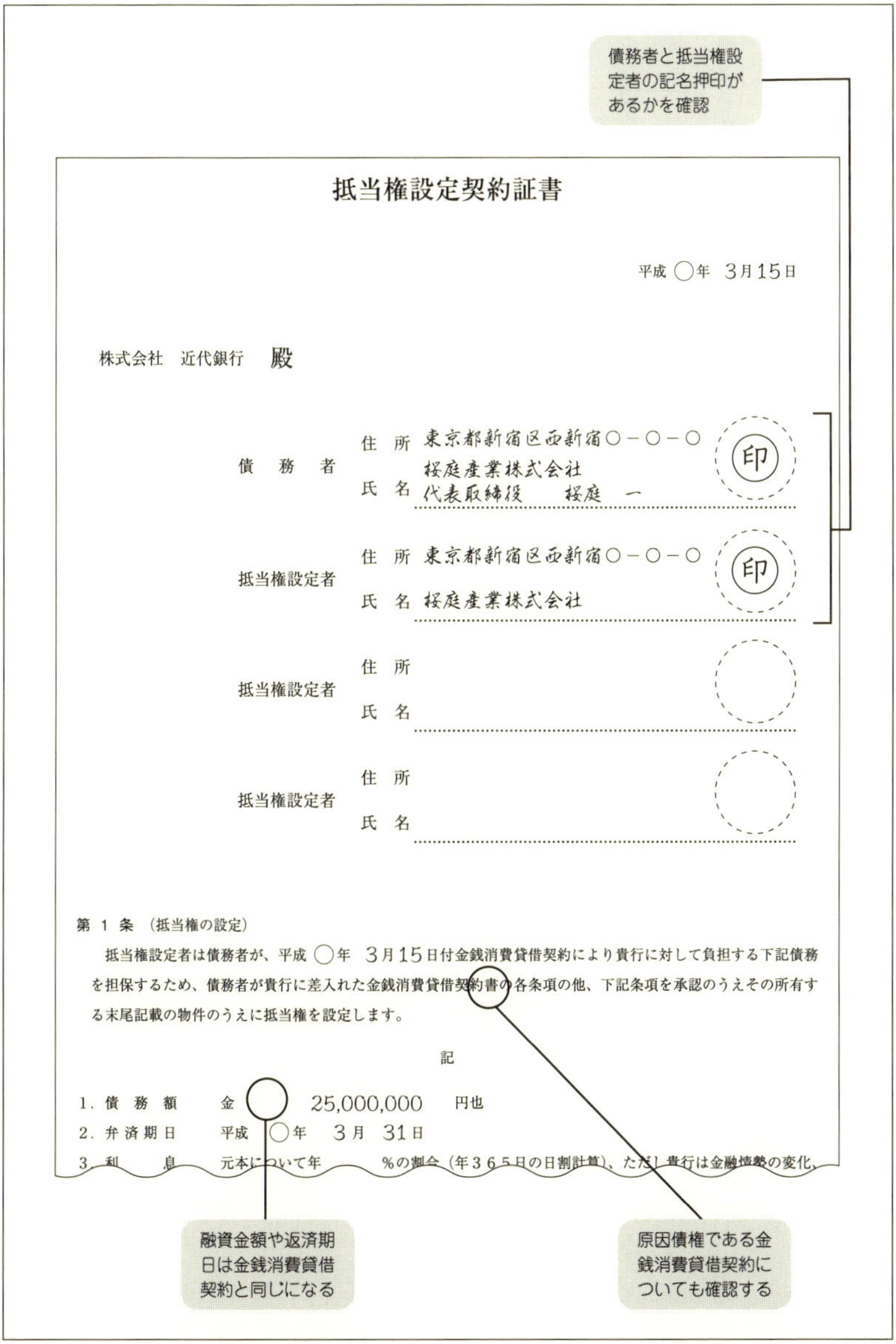

抵当権設定契約証書

平成 ○年　3月15日

株式会社　近代銀行　殿

債　務　者	住　所	東京都新宿区西新宿○－○－○
	氏　名	桜庭産業株式会社 代表取締役　　桜庭　一　(印)
抵当権設定者	住　所	東京都新宿区西新宿○－○－○
	氏　名	桜庭産業株式会社　(印)
抵当権設定者	住　所	
	氏　名	
抵当権設定者	住　所	
	氏　名	

第 1 条 （抵当権の設定）

抵当権設定者は債務者が、平成 ○年　3月15日付金銭消費貸借契約により貴行に対して負担する下記債務を担保するため、債務者が貴行に差入れた金銭消費貸借契約書の各条項の他、下記条項を承認のうえその所有する末尾記載の物件のうえに抵当権を設定します。

記

1．債　務　額　　金 ○　25,000,000　円也

2．弁 済 期 日　　平成 ○年　3月　31日

3．利　　　息　　元本について年　　　%の割合（年３６５日の日割計算）、ただし貴行は金融情勢の変化、

債務者と抵当権設定者の記名押印があるかを確認
融資金額や返済期日は金銭消費貸借契約と同じになる
原因債権である金銭消費貸借契約についても確認する

コンプラ Column ③

取引先の接待を安易に受けるべからず

接待や贈答などは現在でも慣行として行われており、ある意味社会生活に定着しています。実際90年代前半くらいまでは、ゴルフや麻雀、飲食等による接待が少なからず行われていたのは事実です。

情報収集や取引深耕のために、取引先と親密になるのは悪いことではありません。しかし、度を超えた接待を受けることは、情実融資や浮貸しなどの不正融資、犯罪の温床となりかねません。

例えば、特定の取引先から過剰な接待を受けて感覚が麻痺し、それを反復して受け続けた場合、その取引先が融資を受けられないような業況不振先であっても、接待を受けているという負い目や同情などから、融資を断りきれないことがあるかもしれません。

さらに、融資担当者は、会社法９６０条の「事業に関するある種類または特定の事項の委任を受けた使用人」に該当する可能性があります。そのため、融資担当者が不正の請託を受けて、財産上の利益を収受し、あるいは要求・約束したときは、会社法上の「贈収賄罪」が成立するおそれがあります。

●避難や誤解を招くおそれがある

また、仮に法律に触れなくても、社会常識を逸脱した不明朗な交際をしていると、世間から特定の利害関係者と癒着《ゆちゃく》していると非難されたり、誤解を招いたりするおそれもあります。この場合の判断基準は、倫理や道徳といった社会規範に反しないということです。接待を受ける場合は社交儀礼の範囲内で、かつ合理的に説明がつき問題がない程度に留める必要があります。思慮分別をわきまえた適切な判断で、取引先とは常に節度のある関係の維持に努めましょう。

◆実践活用編◆

●サンプルで見る●

稟議書の上手な書き方のコツ

融資案件の可否判断は稟議制度により行われますが、この制度の根幹をなすのが稟議書です。稟議書は融資実行の最終可否を書面化したもので、担当者が融資の具体的内容と所見を記載した稟議書を作成し、それが上席者に回覧されるにつれて多くの関係者の意見が反映され、最終的に正しい判断に導かれるという仕組みです。

つまり稟議書とは、各々のポジションで冷静かつ合理的な判断がなされたことを記録として残すために作成するものなのです。

稟議書作成のコツは、まさに「融資の５原則」を取引先に照らして考えることです。
融資の５原則は、①公共性、②安全性、③流動性、④収益性、⑤成長性です。それぞれ稟議書の項目に照らし合わせて見ていきましょう。

①公共性

公共性は資金使途に関わる部分です。融資金が何に使われるのか、コンプライアンス上問題はないのか、また、その使い途について無理はなく合理性が認められるかどうかです。

②安全性

安全性は融資金がきちんと返済されるかということです。これは、案件の返済原資等を説明する欄で行います。融資金の妥当性や事業計画を検証して返済計画の妥当性を判断します。

また、安全性の観点は保全にも関わります。融資にリスクがある場合、どのような保全を講じるかが重要です。

③流動性

流動性は融資期間の説明に関係します。金融機関にとっては短期の融資が好ましくても、取引先は息の長い安定した資金を求めます。これらをどう整合させるかということになります。

④収益性

収益性は取引採算とも考えられます。融資期間中も収益を確保しなければならないため、リスクに見合った利率設定をしたり、所見欄で取引メリットなどを説明することが大切です。

⑤成長性

成長性は取引先が融資によりどう成長していくかということです。金融機関の目標は企業とともに成長することです。企業の成長が見込める「活きた資金」を供給できるかを検証します。

これらの観点を基本に稟議書をまとめていけば、決裁する側も検証しやすいでしょう。

✍チェックポイント

□金利は当該融資のリスクや競合他行との兼ね合いを踏まえて設定する
□資金使途については無理がなく合理性があるかどうかを確認する
□当該融資は回収できるかどうかにより担保や返済原資を検討する
□企業の業績等から返済計画の妥当性を判断する

企業の業績等から
返済計画の妥当性
を判断する

(作成日○/2/22)

店番	401	店名	東京中央支店		
部店長	副部店長		次課長	担当役席	担当者
印	印	印	印	印	印

		H○	H○	H○	(H○予想)			
業績推移	売上高	220	230	240	240	最近の売上状況	9月	18
	(月商)	18	19	20	20		10月	18
	経常利益	12	11	13	13		11月	19
	税引後利益	10	9	11	11		12月	24
	減価償却費						1月	20
	申告所得						2月	23
							平均	20

	行名	商手	短期	長期	シェア			
借入状況	X行		10	50	75%	取引状況	保留率	
	Y信用金庫		20		25%		ROI(%)	
							預金残高	
							貸金残高	
							外為取扱高	

営業店意見

・輸入雑貨卸販売を行う同社は、この３年間安定的な売上を堅持しており、利益水準も堅調に推移している。
・同社主要取引先ショッピングモール××の規模拡大に伴う受注拡大により発生した50百万の運転資金に対応するもの。
・取引先××についてもコンプライアンスチェック済み、規模拡大についても業績好調を背景に懸念なしと思料。
・保全策として△△店土地に第一順位根抵当権を設定。実質担保金額30百万円で裸与信20百万円発生するも、３期連続経常利益10百万円以上あげており、懸念なしと判断。

本部使用欄		
	部長	
	副部長	
	主任審査役	
	審査役	

取引メリットや企業の成長性については、所見で説明

リスクや競合他行との兼ね合いを踏まえて設定する

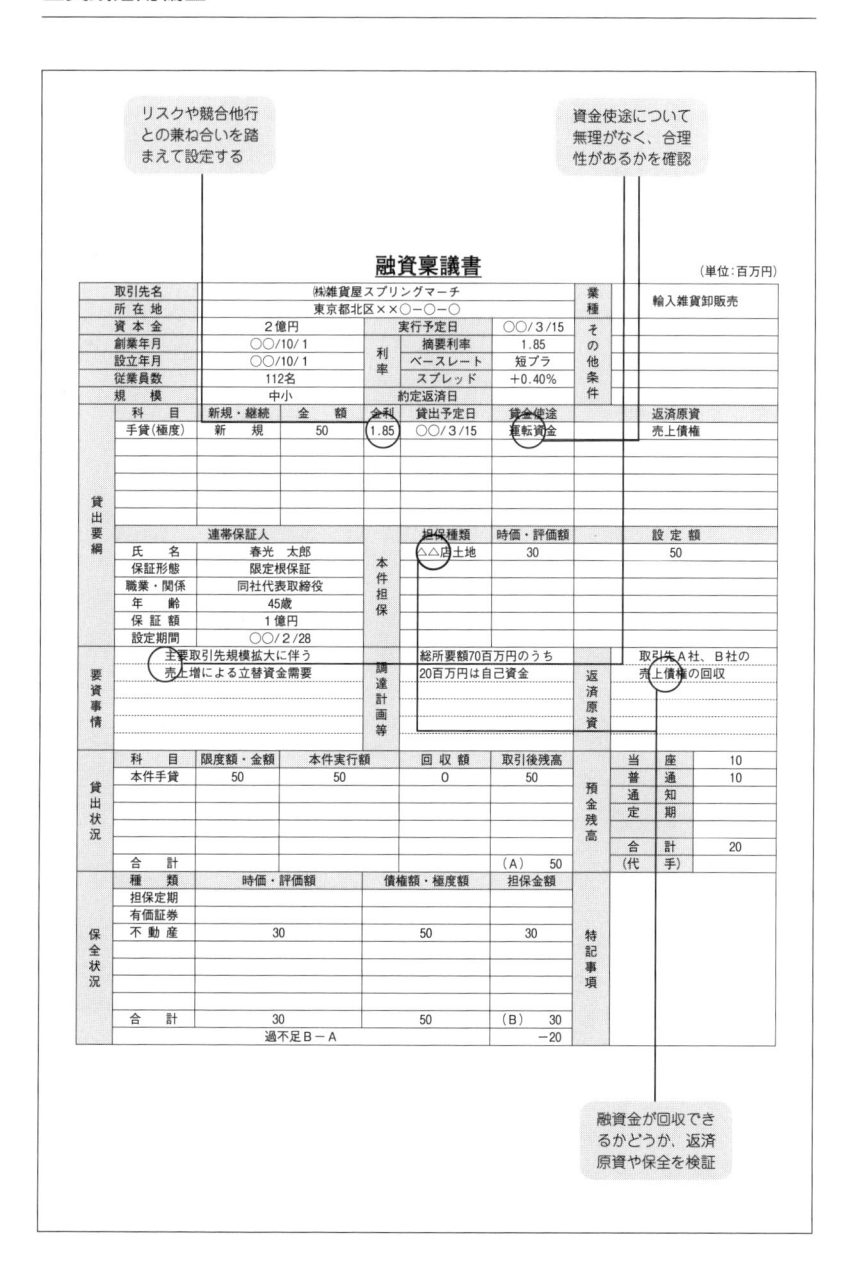

資金使途について無理がなく、合理性があるかを確認

融資稟議書

(単位:百万円)

取引先名	㈱雑貨屋スプリングマーチ			業種	輸入雑貨卸販売
所在地	東京都北区××○−○−○				
資本金	2億円	実行予定日	○○/3/15	その他条件	
創業年月	○○/10/1	利率 摘要利率	1.85		
設立年月	○○/10/1	利率 ベースレート	短プラ		
従業員数	112名	利率 スプレッド	+0.40%		
規模	中小	約定返済日			

貸出要綱

科目	新規・継続	金額	金利	貸出予定日	貸金使途		返済原資
手貸(極度)	新規	50	1.85	○○/3/15	運転資金		売上債権

連帯保証人		本件担保	担保種類	時価・評価額		設定額
氏名	春光 太郎		△△店土地	30		50
保証形態	限定根保証					
職業・関係	同社代表取締役					
年齢	45歳					
保証額	1億円					
設定期間	○○/2/28					

要資事情	調達計画等	返済原資
主要取引先規模拡大に伴う売上増による立替資金需要	総所要額70百万円のうち20百万円は自己資金	取引先A社、B社の売上債権の回収

貸出状況

科目	限度額・金額	本件実行額	回収額	取引後残高
本件手貸	50	50	0	50
合計				(A) 50

預金残高

当座	10
普通	10
通知	
定期	
合計	20
(代手)	

保全状況

種類	時価・評価額	債権額・極度額	担保金額
担保定期			
有価証券			
不動産	30	50	30
合計	30	50	(B) 30
過不足B−A			−20

特記事項

融資金が回収できるかどうか、返済原資や保全を検証

●ケーススタディ●

稟議書の作成と所見欄の記入方法

CASE1　A社・機械部品製造業

資金使途：経常運転資金
融資金額：2000万円
事業の概要：主要仕入先はZ社、主要販売先はX社とY社。Z社から金属板を仕入れ、加工したうえで、X社・Y社に商品を販売。
業況等：5年間安定した売上があり利益水準もほぼ一定。かねてより融資セールスを行っていた先。

運転資金の融資については、「何がどうなると運転資金が必要になるか」ということが分かっていないと、取引先との交渉ができません。まずは、なぜ運転資金が必要になるのかを考えてみましょう。

簡単にいうと、運転資金が発生するのは立替資金需要があるときです。企業の運転資金の発生メカニズムについて式で表すと図表のようになります（**P.179図表**）。

これをA社のケースで考えると、次のようになります。

・売上債権…商品を販売先のX社・Y社に掛けで販売し、まだ販売代金を回収できていない状態

・在庫…Z社から仕入れた商品がまだ売れずにA社にある状態（品代は払済み）
・仕入債務…Z社から商品を仕入れ、まだ代金を払っていない状態

現金ベースで考えると、売上債権と在庫は、現金が出て行っておりマイナスです（手許に現金が存在していない）。これに対し仕入債務は、現金がまだ手許にありプラスです。

このように、お金の回収（売上債権＋在庫）と支払い（仕入債務）の差が運転資金となります。

●所要運転資金の計算式

①運転資金＝（売上債権＋在庫）－仕入債務

②（売上債権の回収サイト＋在庫の仕掛りサイト）－仕入債務の支払いサイト＝運転資金発生期間（立替期間）

※これに月商を掛けると、所要運転資金が算出できる。

回転期間をヒアリングし実態に近い所要額を把握

図表①の式は、通常使用されている所要運転資金の算出方法ですが、実用面での問題点があります。というのも、この算式は貸借対照表の数値を基にしているからです。すなわち、1年間のうち決算時点の数値を、全体の運転資金需要に当てはめて考えていることになります。

したがって、一定の商品を規則的に製造している工場や、食品スーパーのように毎日の売上がほぼ一定の企業には有効ですが、売上に季節性があったり、月次で商品の需要がブレる業種では、必ずしも適正な数値が出せるわけではありません。また、1ヵ月のサイクルで見ても、資金需要が高まる時期が異なる場合もあります。

こうした場合は、図表②の式のように回転期間を用いて運転資金を算出する方法を利用します。この方法では、まず、A社から売上

債権、在庫、仕入債務の回転期間をヒアリングすることになります。

つまり、「掛け状態＝現金化までの期間はどれくらいなのか」を確認することが必要です。これを基に②の算式にあてはめると、実態に近い所要額を算出することができます。

ただしデメリットとしては、実際のサイトは各取引ごとにバラバラであり、それぞれを踏まえて加重平均計算するのは手間がかかることがあります。

保全措置やその交渉結果を稟議書で説明する

それでは、A社の運転資金について、具体的に検討すべきポイントを考えていきましょう。

①各勘定科目の根拠

企業の勘定科目は、どの企業も同じ基準で作られているわけではありません。担当する税理士や会計士の意向が多分に反映されていることも考えられます。

さらに、企業によって売掛金と未収入金、買掛金と前受金の計上などがあいまいな場合もあります。そこでA社にヒアリングを行い、決算書のどの項目が「実際の運転資金＝立替資金需要」に結びつくのかを特定する必要があります。そこから、融資金額を検討していくことが大切です。

②融資形態の選択

所要運転資金が特定されたら、対応方法を検証します。A社のようなケースでは通常、一定の極度額を設定し、その範囲内で融資を行う「極度枠設定」を行います。稟議書では、極度枠設定の理由について、資金繰り状況等を踏まえて説明することが必要です。

③保全および金利

そして、保全策についても検討する必要があります。その理由として、経常運転資金は、①通常はメイン行が取り扱う与信であり、②経常的に使用されるため、基本的には相当部分が使いっぱなしになる——ということがあります。すなわち与信的には、相当のリスクを伴うと考えなくてはなりません。

したがって、A社には担保として提供してもらえるものがあるかどうかを確認し、保全措置もしくは保全のための交渉結果を、稟議書で説明する必要があります。そのうえで、本社の土地建物などを担保として取り受けられるのであれば、その旨を稟議書に反映させます。

これらに加え、所見欄には今後の取引展開を考慮した内容も記載できるとよいでしょう。

●A社の稟議書・所見欄の記入例

- 当該A社は、機械部品製造を生業としており、この5年間は安定的な売上を維持。利益水準もほぼ一定であり、堅調な業績の先。
- 本件は、かねてよりセールス中であった、経常運転資金の取上げに至ったもの。前期決算において20百万円の立替資金需要が発生、本件はこれに対応するもの。A社の月次の資金繰りにおいても、本件融資の極度枠設定は適正水準であると判断。
- 保全策として、本社土地建物に第一順位の根抵当権を設定（110%設定）。本件取引により、経常取引を当行口座に集中。これにより、月中の流動性10百万円を確保でき、全体として懸念なくできる。
- 金利については、取引他行との競合を勘案して短プラ＋0.25%。取引採算は、他経常取引充実により十分に確保できる見込み。
- 長年の取引勧誘が結実したものであり、是非取上げいたしたい。

CASE2 B社・食料品卸売業

資金使途：増加運転資金
融資金額：1500万円
事業の概要：冷凍食品・加工食品の卸売を行う。大型総合スーパーW社などが主要取引先。
業況等：毎月の利益に大幅なブレはなくほぼ一定。メイン行として継続的な取引がある先。

売上が増加すると、それに伴い企業は資金が不足します。というのも、売上高が増加した分に相当する立替資金需要が発生するからです。

１７９頁図表①の式に置き換えると、売上の増加に伴い売上債権が増え、さらに手持ちの在庫も増やすという連鎖が起きることになります。すなわち、回収サイトよりも支払いサイトが短い場合、運転資金需要は売上増に伴い増えるということです。

また、取引サイトの変化も、運転資金需要に影響します。立替期間が短くなれば手許資金に余裕が生まれ、逆に、立替期間が長くなれば運転資金需要が増加するということです。

資金繰り表の経常収支から増加要因を判断する

このように、増加運転資金は①売上の増加、②立替期間の長期化、の２つの要因で発生します。

商活動において、単純に売上だけが増加することは一般的ではありません。交渉の過程において、「商品をより多く販売したい」という売り手企業と、「商品をよりよい条件で入手したい」という買い手企業の間で、両者の需要を満足させるためには、取扱量（販売量）とともに取引条件も交渉の舞台に上がることがあり得ます。

それが、取引サイトの変化として現れることもあるのです。したがって、B社の増加運転資金については正確な要因をつき止める必要があります。

取引先の変化をキャッチするには、日ごろから実態把握を行っていることが肝要ですが、一番分かりやすい書類は資金繰り表です。B社が資金繰り表を作成していなければ、半年先までの見通しを一緒に作成しましょう。

手許資金が毎月、徐々に減少していくなら、資金需要が発生するはずです（P.184図表）。この場合、要因が売上増加であるか、回収・支払いサイトの変化であるかは、毎月の経常収支を追えば分かってきます。要因が判断できたら、それを取引先に確認しましょう。

B社の資金繰り表の経常収支の部を見ると、売上の増加に伴い支払いが増加し、運転資金需要が発生していることが分かります。B社には仕入れを増やした原因をヒアリングします。

増加運転資金は、様々なケースを想定して対応策を検討することが必要です。販売先からの受注増による売上の増加なのか、もしくは工場を増設したことによる売上（販売量）の増加なのか、具体的な要因を把握し、先手を打って資金需要に応えることが、金融機関に求められる役割といえるでしょう。

信用状態に問題がないかを踏まえて融資判断を行う

実際に稟議書を作成する際は、次のような点を検討します。

●B社の資金繰り表（一部抜粋）

資金繰り表

（単位：百万円）

区分	項目	細目	4月予定	5月予定	6月予定	7月予定	8月予定	9月予定
	前年同月売上実績		(81)	(78)	(64)	(60)	(51)	(54)
	売上高		80	80	90	90	90	90
	前年同月仕入実績		(66)	(68)	(59)	(51)	(50)	(45)
	仕入高		70	70	60	75	75	75
経常収支 収入	売上回収	現金	40	40	40	40	45	45
経常収支 収入	売上回収	（手形）	(40)	(40)	(45)	(45)	(50)	(30)
経常収支 収入	手形割引		35	35	35	40	45	45
経常収支 収入	手形割引	（割引手形落込）	(30)	(35)	(35)	(35)	(35)	(30)
経常収支 収入	取立手形期日入金		5	1	2	3	5	1
経常収支 収入	雑収入		10	5	5	5	5	5
経常収支 収入	計現金A		90	81	82	88	100	96
経常収支 支出	仕入支払	現金	15	10	20	20	20	25
経常収支 支出	仕入支払	（手形）	(55)	(60)	(60)	(65)	(65)	(65)
経常収支 支出	仕入支払	（裏書譲渡手形）	(2)	(2)	(5)	(2)	(2)	(2)
経常収支 支出	支手決済（設備除く）		50	55	60	65	60	65
経常収支 支出	経費	人件費	8	8	10	12	12	15
経常収支 支出	経費 経費	現金	1	1	1	1	1	1
経常収支 支出	経費 経費	（手形）	(2)	(3)	(1)	(2)	(3)	(1)
経常収支 支出	経費	支払利息	1	1	2	2	2	2
経常収支 支出	雑支出その他		2	2	2	2	10	1
経常収支 支出	計現金B		77	77	95	102	105	109
経常収支	経常収支尻C（A－B）		13	4	-13	-14	-5	-13

売上増加の要因について具体的にヒアリングする

売上の増加に伴い立替資金需要が発生している

①融資金額の確定

まずは、増加運転資金の金額を把握したうえで、実際の融資金額を決定します。この際に重要なのは、その金額の裏付けを取ることです。

資金繰り表や事業計画書のほか、B社の取引先との間で契約条件に変更があったような場合は、その内容が分かる書類（条件変更に関する契約書）などを取り受けます。

②融資形態の選択

どんな融資形態にするのかも重要です。通常、増加運転資金には極度枠を増額する対応を取りますが、長期貸出にする方法もあります。この場合、B社の収益計画から推測して、限界キャッシュフローで返済できる期間に設定するのが理想的です。

●B社の稟議書・所見欄の記入例

・売上増加に伴い増加運転資金の申し出。
・売上増加は、B社の主要取引先である大型総合スーパーW社からの受注拡大に成功したことによる。同時に、売掛金の回収サイトを0.5ヵ月延長。この分の立替資金需要も同時に発生。
・本件による売上増加後のW社に対するB社の売上は、全体の30％以上のシェア。W社依存が高まるリスクはあるが、W社の業績好調を背景にして懸念はないと思料。
・本件増額は、既存当座貸越の極度増額にて対応したい。前期B社の決算状況や自己資本を勘案、当貸許容については懸念なし。また、金利についても既存分を引き継ぐこととしたい。
・保全については本件後裸与信となるが、業績を勘案、限界部分は無担保にて対応許容賜りたい。
・引き続きメイン行として取引地位を守り、関係維持したい先。是非ご承認賜わりたい。

③保全および金利

増与信ですから、それに対する保全策を講じる必要があるでしょう。所見欄ではこれに対する考え方や、金利設定方法について説明します。売上構造や取引条件が変化するということは、企業の信用状態にとって重大なことです。

したがって、信用状態に問題がないかどうかを踏まえて融資判断を行うことが必要になります。

以上のように、増加運転資金の場合、①その発生要因を正確につかみ、②その要因が企業にとってプラスなのかマイナスなのか、③信用状態に問題はないか、について記載することが大切です。

CASE3　C社・婦人服販売業

資金使途：季節資金
融資金額：3000万円
事業の概要：婦人服の企画から製造・販売までを手掛ける。年に4回、季節商品の販売キャンペーンを実施。
業況等：資金繰り・利益水準ともに現状問題はない。過去4回の季節資金融資の返済実績もある。

企業によっては、季節性のある商品を扱っていることがあります。例えばチョコレート業界は、バレンタインデーを迎える2月に年間の4分の1の売上がありますが、非需要期である8月は、2月の売上の5分の1以下と低迷します。

同じような業態は他にもあります。この事例のC社のように、夏・冬と商品が大きく変わるアパレル業界もそうですし、また、季節ごとにイベントを展開する企業も同様です。

季節資金は運転資金の1つであり、企業活動において、毎期・毎年の一定時期に資金需要が発生します。この点で、季節資金は経験則に基づき取り扱われる種類の融資であり、融資の中でも比較的やさしい部類に属します。

回収の見込みがあるため短期の手形貸付が主流

基本的な融資方法・形態は、経常運転資金とは異なり、短期間の手形貸付が一般的です。

なぜなら、季節資金は年中必要な経常運転資金と異なり、「一時的な需要＝特殊要因」に対応する資金だからです。したがって、融資金は該当する特殊要因が終われば、回収されてしかるべきとの考えに基づきます（**P.187図表**）。

●季節の業務と資金繰り・借入れの関係

業　務	立　案		仕　入	セール	セール		
資金繰り				支払い		売上回収	売上回収
融　資				借入れ		（返　済）	返　済

※場合により、売上回収の都度返済もある

また金融機関や企業の商売によっても異なりますが、返済を期限一括にしたり約定返済を付けたりと、臨機応変に対応します。

季節資金は例年需要が発生するものですが、「前年踏襲しているから」という理由で安易に考えてはいけません。季節性といえども、毎年の状況により当然、売上や収益計画が変化しているはずだからです。

そのため、金融機関としても毎回事業内容を検証することになります。C社には、イベント計画書等の事業計画・収益計画を提出してもらいます（**P.188図表**）。

これらは、金融機関の窓口となる経理・総務部にはないこともありますが、営業部門では通常作成していますので、できる限り入手すべきです。これらの計画書から所要資金が分かれば、その実現性について判断することになります。

前年までの実績を基に、足許の経済情勢等を加味しつつ、C社の計画の可否について判断します。

資金使途に忠実かどうか十分な確認が必要

●C社のイベント計画書

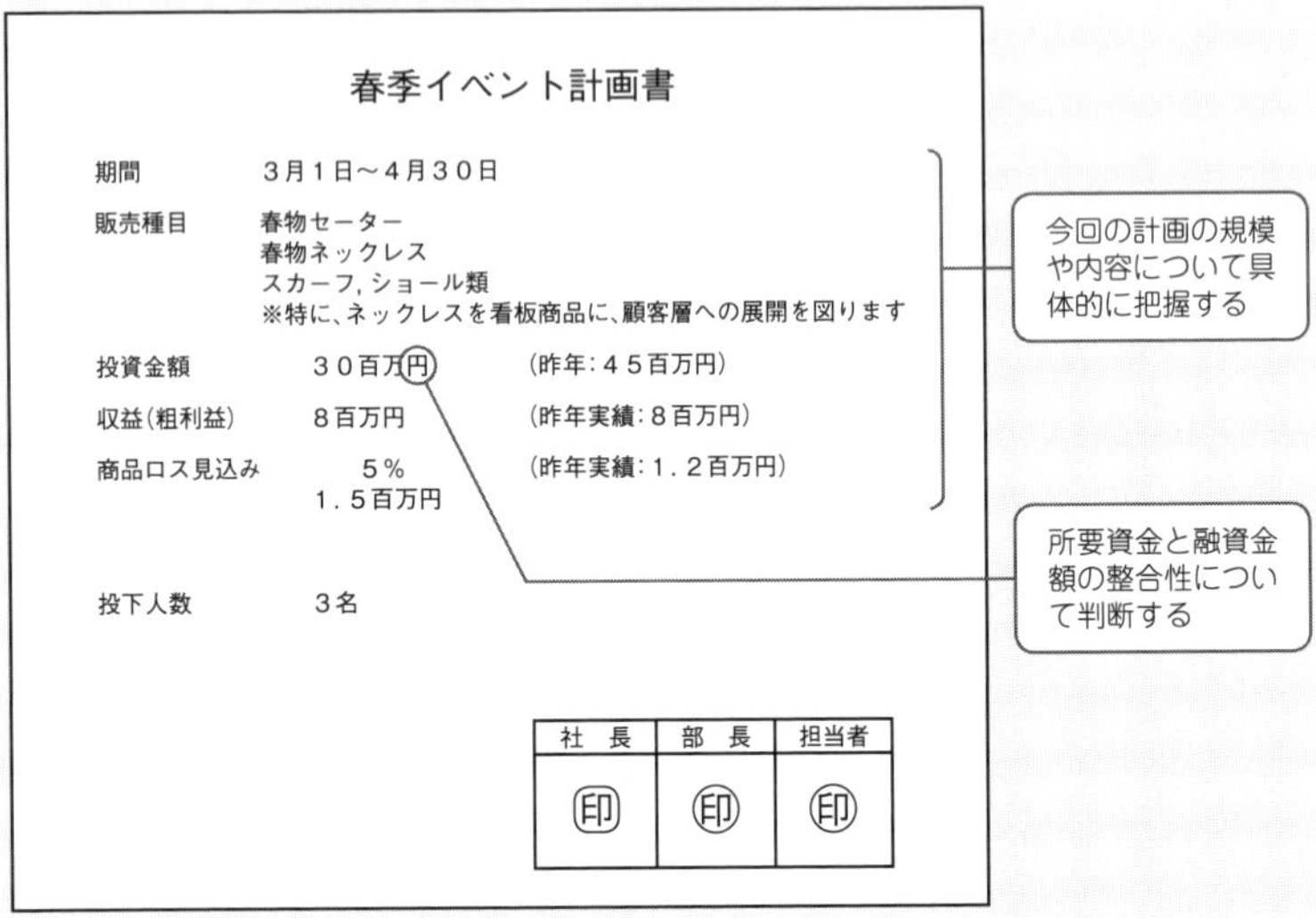

春季イベント計画書
期間　3月1日～4月30日
販売種目　春物セーター
春物ネックレス
スカーフ, ショール類
※特に、ネックレスを看板商品に、顧客層への展開を図ります
投資金額　30百万円　(昨年：45百万円)
収益(粗利益)　8百万円　(昨年実績：8百万円)
商品ロス見込み　5%
1.5百万円　(昨年実績：1.2百万円)
投下人数　3名
社長　部長　担当者
今回の計画の規模や内容について具体的に把握する
印　印　印

融資期間は、その季節要因・イベント要因の期間に合わせます。先述のとおり対応する期間が終了すれば、C社は商取引において融資金に相当する資金を回収できるはずです。

融資形態は短期間が主流ですので、手形貸付とするのが一般的ですが、返済に約定を付けるか期限一括にするかは、売上債権の回収方法によって検討します。

金利・保全については、①短期間の融資である、②例年定例的なもので実績がある、③事業計画により引当が見えている、ということを踏まえて決定します。基本的には、金利は短期をベースとし、保全についても無担保でよいと考えられます。

これらの点から、季節資金の稟議

書は比較的作成しやすいものです。資金使途が正確に把握しやすく、短期間で回収するメドも立てやすいでしょう。

●C社の稟議書・所見欄の記入例

- 例年どおりの春季特売イベント用資金として、30百万円の借入申し出。
- C社は過去に4回、特別イベント用資金の融資実績があり、これまでの成果は実証済み。
- 今回のイベントは、昨今の不景気を反映して規模を縮小して実行予定。前回対比、売上規模は落とすが、商品に特殊性を持たせたため、収益は従来水準を確保させる計画。
- 本件取上げによる新規の担保取得等はせず、手形貸付にて保証人の特定保証を取り受けるにとどめたい。期間も短期間であり、これまでの実績を勘案、さらにC社の決算状況や自己資本、取引ぶりを勘案、本件程度の裸与信については懸念ないと思料。また金利水準についても、経常運転資金と同水準の短プラ適用を許容賜りたい。
- C社との取引状態、これまでの返済実績を勘案し、是非ご承認賜わりたい。

ただしこれを成立させるには、C社との信頼関係が十分に構築されている必要があります。なぜなら、決算賞与資金と異なり季節資金は資金トレースが難しいからです。

具体的にいえば、季節資金は経常運転資金の範疇《はんちゅう》に取り込まれてしまうことが多く、そうなると季節資金としての色分けが判然とせず、資金使途に適《かな》っているかという問題が生じます。

したがって、所見欄の最大のポイントは、融資金が返ってくる見込みについて判断することといえるでしょう。

CASE4　D社・木製品製造業

資金使途：設備資金
融資金額：２億2000万円
事業の概要：木材加工・木製品の製造を行う。新規製品販売のための事業を計画中。
業況等：現状の資金繰りに問題はない。新規設備投資にあたり自己資金として3000万円を用意。

設備資金は融資期間が長期となり、金融機関の融資の中でも難しい部類に属します。以下の点を検証しましょう。

〈設備投資の目的の確認〉

まず、その投資目的を確認します。「なぜ設備投資をするのか」「儲かる見込みはどのくらいあるか」といったヒアリングに基づき、ベースとなる設備投資のイメージと経済状況・時代背景との適合性を判断します。

〈事業計画の検証〉

D社からは、新規設備投資の事業計画書（**P.192図表**）を取り受けます。設備投資を行う場合、どの企業でも事業計画書を作成しているはずです。通常は、投資目的を確認する流れで事業計画書についても話が及びます。

事業計画書のチェックポイントは、次の点から新規設備投資の事業性を検証することです。

・投資による収益性はあるか

・収益は適正水準を維持しているか（減価償却期間内に黒字転換・返済が可能なスキームか）
・Ｄ社の企業体力から見て、設備投資が過大になっていないか
・既存設備と入れ替える場合、既存設備の廃棄損により、純資産（貸借対照表）に影響を及ぼすか

事業のシミュレーションは３パターンについて検証

注意すべき点としては、企業の事業計画は営業部門が担当したものが多く、楽観的に作成されているということです。検証にあたっては、「計画どおりに進行する場合」「金融機関の目線で堅実に考えた場合」「最悪のシナリオになった場合」の３パターンについて考えるべきでしょう。

最悪のパターンでも従来比の収益性が向上することが理想ですが、金融機関の立場から見た最低条件は、「最悪のパターンでも赤字にならないこと（キャッシュフローがマイナスにならないこと）」です。すなわち、新規事業が失敗しても、既存事業でカバーできることが条件となります。

また、新規設備投資には、初期費用（イニシャルコスト）が伴います。設備が本格稼働する前や、既存設備を新規設備に置き換える場合、赤字状態になることも想定されます。その期間の補填として運転資金が必要な場合は、設備資金の融資内に組み込みます。

稟議書は、以下のようなことをポイントにまとめます。

①金額と資金使途の特定

自己資金を加味して融資金額を決定し、資金使途を特定します。具体的には、各設備の個別金額と支払先の確認作業です。Ｄ社の場合、計画書に記載のあるＶ建設やＵ工業、Ｔ機材、Ｓシステムの見積書や契約書も確認します。当然、これらの企業にも問題がないかチェックしてください。

●D社の事業計画書

設備投資および資金計画書

会社名	D　社	事業名	新規工場プロジェクト

（単位：百万円）

費用区分			所要額	支払いベース 4月	5月	6月	7月	8月	備考
設備投資等内訳	設備の取得等	用地取得費	100	100					売主：山田太郎
		工場建物	100	50		25		25	V建設
		工場機械○○	10				10		U工業
		工場機械◇◇	10					10	T機材
		工場機械××	10					10	Sシステム
	計　A		230						
	付随費用	人件費	10					10	従業員3名雇用
		手数料	10					10	
	計　B		20						
	A＋B		250						

資金区分			調達額	4月	5月	6月	7月	8月	備考
資金調達	借入等	借入金計	220	120		100			
		自己資金	30	30					
		その他（							
	計		250	150		100			

各設備の見積書や取引業者についてもチェックする

企業体力から見て投資金額に妥当性があるかを確認

別途「収支計画書」等を取り受け、収益が適正水準を維持できるかを把握

②融資期間設定・返済引当

融資期間は、「該当設備の減価償却期間」と「予想キャッシュフローから想定される返済可能期間」という2つの観点から判断します。基本的には、減価償却期間内でキャッシュフローが満たされなくてはなりません。

この際、前述した3パターンの事業シミュレーション分析が重要になります。これにより、返済可能性と返済期間の説明ができるからです。

長期融資というリスクに見合うだけの保全が必要

③保全および融資条件

設備資金の融資は長期間にわたり、その間、金融機関は取引先に期限の利益を与えることになります。

リスクが高い分、保全策を講じる必要がありますので、稟議書には設備投資が仮に失敗した場合でも、保全により融資金が回収可能であることを証明します。

●D社の稟議書・所見欄の記入例

・新規設備投資対応の借入申し出。総額250百万円のうち、自己資金部分30百万円を除く220百万円の借入申し出。
・D社の事業計画をシミュレーションした結果、最悪のパターンでは赤字転落の危険性はあるも、計画の80％売上でも全体での黒字維持は可能。D社側とも、本件後の間接部門のスリム化着手には同意を得ており、管理費削減により、リスクは軽減可能と思料。
・設備投資対象物件の償却期間は７年。本件も貸出期間は７年とし、償却範囲内に終息。シミュレーションでも、７年間での返済は十分に可能と判断。
・本件取上げ時に、新設工場設備を工場財団として、担保登記。裸与信30百万円発生するが、当社の業況を勘案し、最終的な回収リスクは小さいと思料。
・見積書等により資金トレースは可能。D社の成長に資するものであり、本件是非ご承認賜わりたい。

金利条件もリスクと期間に合った設定を行います。所見欄には、今後の取引展開や取引メリット等も記載するとよいでしょう。

設備資金の可否判断は、事業のシミュレーション分析と保全が重要です。特に、事業のシミュレーションには冷静な判断が求められます。金融機関の判断で融資が行われ、設備投資が行われるということは、企業の成功・不成功の決定権を金融機関が握っているともいえます。

それだけプライドと責任感を持ち判断しましょう。

コンプラ Column ④

金融機関の立場を悪用するべからず

金融機関が融資先に対して「その有利な立場を利用して、要請に応じなければ不利益を与えることを示唆して要請を行う行為」は、「優越的地位の濫用」に該当します。優越的地位の濫用は「不公正な取引方法」の1つであり、法律で禁止されています（独占禁止法19条）。

では、具体的にどんな行為が優越的地位の乱用に該当するのでしょうか。

●不利益を示唆した要請は法律に抵触

公正取引委員会が公表した報告書では、金融機関が融資先企業に対して行う次の①から⑤の行為を、優越的地位の濫用としています。

①融資に関する不利益な取引条件の設定・変更、②自己の提供する金融商品・サービスの購入要請、③関連会社等との取引の強要、④競争者との取引の制限、⑤融資先企業の事業活動への関与

金融機関はお金を貸しているという立場上、融資先に対して「優越的地位」にあります。「融資を引き上げられては困る」などの懸念から、融資先にとって金融機関の要請は断りがたいものだからです。ただし、優越的地位にある場合の要請行為がすべて違法とされるわけではなく、与信リスクに見合った適切な金利を設定したり、客観的かつ合理的な追加担保を求めたりすることは、一概に間違っているわけではありません。

しかし、必要以上に金利を引き上げたり過剰な追加担保を要請するようなことは、優越的地位の濫用として前記の法律に抵触するおそれがあります。

涉外担当者が読む　融資のキホンと必要書類の見方・書き方

平成25年8月17日　初版発行
平成28年8月13日　第2刷発行

編　者――――近代セールス社
発行者――――福地　健
発　行――――株式会社近代セールス社
〒164-8640　東京都中野区中央1-13-9
電　話　03-3366-5701
ＦＡＸ　03-3366-2706
印刷・製本――株式会社暁印刷

ISBN 978-4-7650-1202-7